CŒUR DE BOXEUR

DU MÊME AUTEUR

John Toland, Pantheisticon,
Le Bord de l'eau et La Luminade, 2006.

Céline, un antisémite exceptionnel, Le Bord de l'eau, 2011.

L'Esprit du cerf, Le Bord de l'eau, 2011.

Ces 600 milliards qui manquent à la France.
Enquête au cœur de l'évasion fiscale,
Seuil, 2012 (prix Éthique Anticor pour l'investigation).

Corruption, Seuil, 2014.

Résistance!, Seuil, 2016.

Voter, c'est abdiquer, Don Quichotte, 2017.

Antoine Peillon

CŒUR DE BOXEUR

Le vrai combat
de Christophe Dettinger

Éditions Les liens qui libèrent

ISBN : 979-10-209-0729-5

« Les paroles sont de tendres choses, intraitables et vivantes, mais elles sont faites pour l'homme et non l'homme pour elles. Nous sentons que nous vivons dans une époque où il faut ramener les paroles à la netteté solide et crue de quand l'homme les créait pour s'en servir. »

Cesare Pavese, 20 mai 1945[1].

1. Cesare Pavese, « Retour à l'homme », dans *L'Unità* (Turin), le 20 mai 1945, repris dans : Cesare Pavese, *Littérature et société*, Paris, Gallimard, coll. Arcades, 1999, p. 36.

À la mémoire
de Laurent Faugeras

Pour Sophie

Avant-propos

« Je manifeste pour tous les retraités, le futur de mes enfants, les femmes célibataires. Je suis un Gilet jaune, j'ai la colère du peuple qui est en moi. »

Christophe Dettinger, à la veille
de se présenter de lui-même
à la police, le 7 janvier 2019.

Cher Christophe Dettinger,

Je commence à écrire ces lignes, dans la deuxième semaine de février 2019, alors que vous êtes embastillé depuis plus d'un mois, en détention provisoire, à la maison d'arrêt de Fleury-Mérogis (Essonne), bâtiment D3, numéro d'écrou 448 837.

Ici, j'ai d'abord fait une sorte d'apologie de vous-même, mais il faut entendre « apologie » au sens de justification, de défense, en aucun cas d'idolâtrie.

J'ai ensuite poursuivi mon travail dans le but de démasquer la déviance monarchique du « régime

Macron », en m'en tenant, autant que possible, aux vérités de fait (Hannah Arendt[1]) qui révèlent l'abus présidentiel de tous les pouvoirs. C'est donc aussi le récit d'une résistance à la tyrannie.

Bien entendu, je suis le seul responsable de ce qui est écrit dans ces pages, vous-même, Christophe, n'étant en aucun cas la « source » de mes commentaires sur l'actualité de notre monde.

Cœur de boxeur a été écrit avec une rage certaine. Georges Bataille est un grand maître et je comprends ce qu'il confiait en avant-propos de son chef-d'œuvre *Le Bleu du ciel*, roman désespéré écrit au milieu des années 1930, alors qu'il travaillait aussi à un essai sur « la structure psychologique du fascisme », et qu'il titra d'abord *Les Présages*, ayant le pressentiment de la guerre civile espagnole et de l'apocalypse nazie : « Le récit qui révèle les possibilités de la vie [...] appelle un moment de *rage*, sans lequel son auteur serait aveugle à ces possibilités *excessives*. Je le crois : seule l'épreuve suffocante, impossible, donne à l'auteur le moyen d'atteindre la vision lointaine attendue par un lecteur las des proches limites imposées par les conventions. »

Mais ce que je veux partager avec vous, cher Christophe, est radicalement de l'ordre de l'invincible espoir[2] et du choix de la vie.

---

1. Hannah Arendt., « Vérité et politique », *New Yorker*, février 1967, repris dans : Arendt, Hannah, *La Crise de la culture*, Paris, Gallimard, coll. Folio, 1972.

2. Léon Blum, *À l'échelle humaine*, Fort du Portalet, décembre 1941 : « L'homme n'a pas deux âmes différentes, l'une pour chan-

«J'ai mis devant toi la vie et la mort, la bénédiction et la malédiction. Choisis la vie, afin que tu vives, toi et ta postérité[1]*.»*

Avec vous, j'entends bien «surmonter l'effroi» que nous inspire «l'accomplissement de la catastrophe» prophétisé par l'ami Bernard Stiegler[2] et que nous pressentons tous, plus ou moins obscurément.

Ce livre naît avec le printemps et suivra son soleil, quoi qu'il en soit de la folie morbide de certains. «Les bombes atomiques s'accumulent dans les usines, la police rôde dans les villes, les mensonges sont déversés par les haut-parleurs, mais la Terre continue de tourner autour du Soleil, et ni les dictateurs ni les bureaucrates, quelle que soit leur désapprobation, ne peuvent rien contre cela», écrivait George Orwell – que nous écouterons beaucoup – en 1946, dans un article consacré au retour du printemps[3].

---

ter et pour chercher, l'autre pour agir; l'une pour sentir la beauté et comprendre la vérité, l'autre pour sentir la fraternité et comprendre la justice. Quiconque envisage cette perspective se sent animé d'un invincible espoir. Que l'homme contemple le but, qu'il se fie à son destin, qu'il ne craigne pas d'user sa force. Quand l'homme se trouble et se décourage, il n'a qu'à penser à l'Humanité.»

1. *Deutéronome*, 30, 19, trad. Louis Segond, 1910.

2. Bernard Stiegler, *Qu'appelle-t-on panser? Tome 1 – L'immense régression*, Paris, Les Liens qui Libèrent, 2018, p. 100 et 125.

3. George Orwell, «Quelques réflexions sur le crapaud vulgaire», dans: George Orwell, *Essais, articles, lettres*, vol. IV, Paris, Ivrea et L'Encyclopédie des nuisances, 2001, p. 179.

Ce soir, je relis Jacques Ellul, le prophète, le résistant, et je trouve dans ses paroles la justification d'une apologie du « boxeur gitan », puisqu'ainsi vous avez été surnommé : « Nous avons à faire un travail de lumière, de liberté et de vie pour les hommes qui sont dans une société où la lumière, la liberté et la vie sont niées. C'est une existence de combat. Et de risque[1]. »

En pensant témoigner du sens véritable de votre engagement, j'ai l'espoir d'inscrire votre devise, « Force et honneur ! », dans l'imaginaire démocratique dont notre pays a, de nouveau, tant besoin de s'inspirer.

Le jeudi 21 mars 2019,
pleine lune et printemps[2].

1. Jacques Ellul, manuscrit « Existence du chrétien dans le monde moderne », folio 10, en exergue de *Vivre et penser la liberté*, Genève, Labor et Fides, 2019.

2. L'actualité de *Cœur de boxeur* peut être suivie sur le blog www.coeurdeboxeur.com et sur la page Facebook @coeurdeboxeur lelivre (www.facebook.com/coeurdeboxeurlelivre/)

CHAPITRE 1
Champion de France

« Quand une politique de mensonge et de violence triomphe, il n'est pas possible de dire : "Que ta volonté soit faite sur la terre", sans être de toute sa force et de toute sa pensée contre une telle politique. »

Roland de Pury[1]

« Force et honneur ! » est votre devise. À juste titre !

Et Christophe Dettinger est votre nom, aujourd'hui glorieux. Dans le milieu de la boxe, l'art martial où vous avez excellé, vous êtes le « Gitan de Massy », et c'est encore avec déférence que vous êtes ainsi nommé. Pour vos intimes, c'est plutôt « Xtof », et cela dénote, bien sûr, que – comme presque tous les êtres *humains* – vous avez été un gamin généreux, que vous avez des amis, une femme magnifique, digne et courageuse, aide-puéricultrice, trois jeunes supporters de 10 ans

1. Roland de Pury, *Notre Père* (prédications de l'automne 1942), Neuchâtel et Paris, Delachaux & Niestlé, 1945.

et deux fois 13 ans, déjà investis dans la vie locale *via* le conseil municipal des enfants. Vous jardinez, ayant besoin d'être au grand air. Toute la famille aime beaucoup les animaux… Rassurez-vous, je ne rentrerai pas plus avant dans l'intimité de votre vie privée ; je laisse ça aux chacals qui ne manquent pas de vous tourner autour, de vous traquer et d'essayer de vous pousser à la faute, depuis le premier jour de votre exploit.

C'était le samedi 5 janvier 2019, à Paris, sur la passerelle Léopold-Sédar-Senghor, à quelques pas de l'Assemblée nationale, durant l'acte VIII des Gilets jaunes. Il était environ 14 heures et l'ambiance paraissait très « tendue », la répression des manifestations ayant – comme de coutume – déjà commencé. Comme des milliers d'autres citoyens, j'ai visionné *via* Internet, le soir même, les vidéos où l'on vous voit boxer avec puissance et maîtrise des gendarmes mobiles casqués, bottés, harnachés, blindés comme les cuirassiers des escadrons napoléoniens. Où l'on vous voit prendre nettement le dessus sur ces fonctionnaires désarçonnés, sidérés, apeurés pour finir. Ils ont boucliers, casques, cagoules, matraques, lance-grenades et vous, vous portez bonnet de marin, caban et gants en cuir. Rien de plus. Et eux, rien de moins.

Or, au moins deux fois, ce jour-là, vous faites, seul contre plusieurs hommes armés, reculer la troupe prise de panique. Les terribles grenadiers, dragons du roi, briscards et grognards de Christophe Castaner, l'ancien protégé de feu le caïd provençal Christian Oraison, dit « le Grand Blond », sont chahutés

– vivement –, bousculés – sérieusement –, tuméfiés – un peu… Humiliés, surtout !

DIRECTS IMPARABLES

Je me repasse le film. Dans une première scène, un homme au gabarit peu commun frappe de quelques coups de pied et de poing un gendarme qui est tombé dans sa fuite. Il est manifeste qu'il y a, du côté de « la victime », un fonctionnaire de 27 ans, bien plus de peur que de mal, malgré la délivrance consécutive d'une incapacité totale de travail (ITT) fixée à quinze jours.

Un peu plus tard, une seconde scène montre quatre gendarmes mobiles qui font barrage sur la même passerelle, quelques mètres en avant d'une masse serrée de « forces de l'ordre ». Quand une foule de Gilets jaunes tente tout de même de passer, un premier gendarme arrose les premiers arrivés de gaz lacrymogène. Ses collègues se font menaçants. C'est alors que, basculant par-dessus une balustrade, un homme avance sur les quatre fonctionnaires, jeu de jambes impeccable, directs imparables du gauche, garde haute inébranlable… Casques et boucliers sont chavirés. Côté soldatesque, c'est la débandade. Magnanime, le boxeur élégant ne poursuit pas ses vaincus plus d'une poignée de secondes.

Bien entendu, cher Christophe, il faut dire ici, comme vous l'avez fait vous-même à plusieurs reprises, que frapper des gendarmes dans l'exercice de leur fonction n'est pas approuvable. Dès le lendemain de votre pugilat, vous avez ainsi jugé: «À un moment la colère est montée en moi, et oui, ben j'ai mal réagi, oui j'ai mal réagi.»

Lors de votre garde à vue, Christophe, le lundi 7 janvier, vers midi, après que vous vous soyez présenté de vous-même à la police, accompagné d'un avocat, vous expliquerez que c'est en voyant, entre autres violences, les gendarmes «donner des coups de matraque à une femme au sol, avec un manteau rouge», coiffée d'un bonnet phrygien, que vous avez senti «une colère monter en [vous]». Vous préciserez aussi que vous avez rapidement cessé de donner des coups au gendarme mobile qui se trouvait au sol: «J'ai vu dans son regard la peur, j'ai donc arrêté.»

PERQUISITION

Au soir de ce samedi 5 janvier, sur les réseaux sociaux où les Gilets jaunes s'informent, dialoguent et commentent l'actualité par dizaines de milliers, l'enthousiasme pour ces séquences inattendues est flagrant, après des semaines – déjà! – de violences policières mutilantes et humiliantes qui dépriment les protestataires pacifiques. Le «boxeur» encore inconnu (votre «style» caractéristique ne laissait aucun doute sur vos compétences martiales) est un héros. Il est le superman des Gilets jaunes!

Au même moment, dans les bureaux surchauffés de la préfecture de police de Paris, ceux de la place Beauvau (ministère de l'Intérieur), ceux de toutes les polices de France et de Navarre, la chasse au fauteur de ce crime de lèse-majesté est la mission numéro un ! Galons et képis sont en rage. « Le boxeur de la passerelle Léopold-Sédar-Senghor, mort ou vif ! », tel est le mot d'ordre, le motif urgent de la mobilisation étatique générale.

Pour qu'il m'éclaire, depuis le cœur du système policier, j'ai retrouvé Aleph, l'officier supérieur du Renseignement intérieur, légaliste et républicain, qui ne se résout pas à la corruption des gouvernants et à la dérive sécuritaire de son métier[1]. Cher Christophe, son récit des événements est tout à votre honneur. Et tout au déshonneur de la police, surtout à son plus haut niveau.

« Écoutez, sur le terrain, ce fut un complet fiasco. » Alors que, Christophe, du fait des vidéos où vous apparaissez à visage découvert, vous êtes très rapidement identifié, les enquêteurs de la sûreté territoriale de Paris se rendent trop tard chez vous, avenue ***, à Étréchy (Essonne), le dimanche 6 janvier, vers 14 h 30. Vous ne les avez pas attendus. Derrière les portes de votre pavillon, qu'ils fracturent toutes, les policiers surarmés trouvent la maison vide de ses cinq habitants, même si votre voiture, de couleur grise, est bien garée dans votre rue.

Sur place, les policiers ne récoltent, comme pièces à conviction, que votre bonnet de marin et la paire

1. Antoine Peillon, *Ces 600 milliards qui manquent à la France. Enquête au cœur de l'évasion fiscale*, Paris, Seuil, 2012.

de gants en cuir que vous portiez lors de votre pugilat avec les gendarmes mobiles. Ah si ! Ils saisissent tout de même aussi un fusil Meunier, arme non déclarée, dont vos détracteurs feront grand scandale et qui serait la preuve de votre rare dangerosité, mais qui n'est qu'une antiquité datant de la Première Guerre mondiale et dont vous avez hérité de votre grand-père, décédé voici deux ans. Par ailleurs, ils détruisent tout, chez vous, y compris des jouets de vos enfants, s'en prenant même au sapin de Noël et à la crèche.

Digérant mal l'échec de cette perquisition improductive, les enquêteurs déploient tous les moyens pour vous débusquer : vains essais de géolocalisation, de suivi de vos derniers déplacements, surveillance des réseaux sociaux, réquisitions auprès de la mairie d'Étréchy et, tant qu'à faire, du ministère des Sports… Quelque quarante-huit heures après le début de votre traque, toujours rien, ni personne. « Il est impossible de localiser la famille Dettinger », consigne piteusement un enquêteur, sur procès-verbal.

« LOI ET ORDRE »

Aleph reprend, l'air plus fermé que lors de ses phrases précédentes : « Quant aux chefs, ils ont manifestement complètement perdu leur sang-froid » à l'occasion de la spectaculaire victoire de Dettinger – aux points, pas par K.-O. – sur les forces de répression des Gilets jaunes. Au risque irresponsable de saboter l'enquête de leurs subordonnés lancés, dès le samedi 5 janvier après-midi, à la recherche du boxeur de la passerelle Léopold-Sédar-Senghor. Ô fièvre numérique ! Le soir même, le Syndicat des commissaires de la police nationale (SCPN) lâchait effectivement un tweet vengeur – rien d'un gazouillis – illustré par une photo de vous, Christophe, prise lors d'un de vos combats victorieux sur le ring : « @ScpnCommissaire / Monsieur, vous qui avez frappé un collègue à terre, vous êtes identifié. Pour un boxeur, vous ne respectez apparemment pas beaucoup de règles. Nous allons vous apprendre celles du Code pénal. » @EmmanuelMacron @EPhilippePM [Édouard Philippe, Premier ministre] @CCastaner [Christophe Castaner] @NunezLaurent [Laurent Nuñez] @DGPN EricMorvan [directeur général de la police nationale] @PrefPolice [préfet de police de Paris] »

Le même syndicat, qui penche massivement à droite, défenseur des valeurs « loi et ordre », en contradiction avec une « sensibilité humaniste proche des droits de l'homme[1] », en rajoutait encore, peu de temps après, sombrant dans la menace explicite : « Vous rendrez des comptes devant qui de droit. Pour

1. Frédéric Ocqueteau et Olivier Damien, « À propos de l'encadrement de la police nationale par les commissaires. Regards croisés entre un sociologue et un commissaire syndicaliste », *Champ pénal/Penal field*, mis en ligne le 25 avril 2018 : http://journals.openedition.org/champpenal/9648. Lire aussi l'étude fondamentale du sociologue : Frédéric Ocqueteau, *Mais qui donc dirige la police ? Sociologie des commissaires*, Paris, Armand Colin, 2006.

la boxe, votre carrière est aussi terminée, vous n'avez pas les valeurs requises. »

« Les valeurs requises... »

Pour mémoire, à propos de « valeurs », les adhérents du Syndicat des commissaires de police et des hauts fonctionnaires de la police nationale (SCHFPN), surnommé « Schtroumpf », de 1968 à 2007, et de l'actuel SCPN (Unsa) qui lui a succédé, ont toujours été du côté de « l'ordre », si l'on en croit le meilleur sociologue de cette profession, Frédéric Ocqueteau : « On ne peut nier qu'il s'agisse d'un syndicat "conservateur" (au sens où il a besoin d'assurer la cohésion de la "machine policière") ; mais également que les commissaires soient très majoritairement de droite, en quelque sorte programmés par la défense des valeurs "loi et ordre" et des institutions de souveraineté [...], plutôt que pour autre chose. [...] Il est clair qu'une sensibilité humaniste proche des "droits de l'homme" en termes de valeurs, n'est véritablement portée que par une minorité d'entre eux... »

« Ce fut un véritable délire, continue Aleph. Entrave à l'enquête policière, confusion totale des rôles respectifs de la police et de la justice, style menaçant, délation publique avant la moindre preuve récoltée selon la procédure judiciaire légale, caftage aux "grands" : le président de la République, le Premier ministre, le ministre de l'Intérieur, le secrétaire d'État auprès du ministre de l'Intérieur, le directeur général de la police nationale, le préfet de police de Paris... Ne manquait plus que Henri d'Orléans, comte de Paris, encore vivant – pour peu de jours – à cette date, à la liste des “protecteurs” sollicités *via* Twitter.»

L’officier supérieur du Renseignement est aussi las qu’en colère: «Et puisque le *delirium* numérique est contagieux, notre ministre, Castaner, n’a rien trouvé de plus décent et raisonnable que de rajouter immédiatement une louche à la communication intempestive du syndicat des commissaires, lui aussi par un tweet de matamore: “Le @PrefPolice a saisi le procureur de la République de Paris. Pleine confiance en notre justice devant laquelle il [le boxeur] devra rendre compte de cette attaque aussi lâche qu’intolérable.” Si la situation n’était pas aussi grave, du point de vue des libertés fondamentales, qualifier de “lâche” l’action de Dettinger devrait nous faire mourir de rire.»

À VISAGE DÉCOUVERT

«Cette attaque aussi lâche…»

Lâcheté?

N’est-ce pas un reflet ironique de votre miroir, M. le ministre de l’Intérieur?

Chez les Dettinger, c’est magnifiquement le courage qui est à l’ordre du jour, face aux épreuves scandaleuses qu’ils traversent et dont votre politique de répression aveugle et de mensonge est la cause première.

Le jeudi 17 janvier, à 7h03 du matin, j’ai noté ce mot très bref, sur le profil Facebook «Soutien à la famille Dettinger»: «Une minute de votre vie peut tout faire basculer… Et vous vous retrouvez à devoir faire face à tellement de choses… »

Le samedi 5 janvier, Christophe, vous avez affronté à visage découvert, sans aucune protection, ni arme par destination ou improvisée, une meute de gendarmes mobiles gazant et matraquant à tout-va des manifestants pacifiques, femmes et hommes indifféremment. Toutes les vidéos disponibles sur cet épisode attestent ces faits. Sans parler des témoignages recueillis depuis, j'y reviendrai.

Le lundi 7 janvier, le site *Lundi matin* publiait une « lettre de soutien » qui vous était destinée. L'auteur, anonyme, par crainte de la « répression », s'interrogeait : « De quelle violence parle-t-on ? De celle d'un homme qui n'a ni protections ni armes et qui boxe, à un contre quatre, un gendarme doté d'un plastron, d'un bouclier, d'un casque avec une visière pare-balles, de genouillères, de trucs sur les épaules, d'un tonfa, de grenades rangées dans le dos et de dizaines de collègues autour de lui. Un homme à mains nues face à un robot (où est la fente pour glisser les sous de la prime ?)[1]… »

Le même jour, votre belle-sœur, Gaëlle Galou, mettait en ligne, sur son profil Facebook, une vidéo réalisée par vous-même, en indiquant : « Il s'est rendu ce matin. Il n'est pas un criminel, juste un Gilet jaune voulant défendre son pays, pour l'avenir de ses enfants[2] ! »

---

1. https://lundi.am/Hommage-a-Christophe-Dettinger.
2. www.facebook.com/gaelle.cordier/videos/10156377346169531/.

Courage de Gaëlle Galou, tandis que vous aviez, au même moment, celui de franchir en homme libre les portes du commissariat du IVe arrondissement de Paris, afin de vous présenter aux enquêteurs de la sûreté territoriale de Paris !

Oui, courage, ce qui nous conduit à l'ancien français « corage », du latin « cor », qui se traduit par « cœur » en français moderne…

Votre courage, Christophe Dettinger, et celui de tous les vôtres. Il vous vient de votre cœur de boxeur !

Écoutons ce que vous dites, dès le 6 janvier, jour de l'enregistrement de la vidéo postée par Gaëlle Galou, votre vérité simple, honnête et pleine de courage. Pleine de cœur.

Écoutons vos paroles :

« Chers amis Gilets jaunes,

Voilà, je me présente, Dettinger Christophe.

C'est moi, la personne qui a affronté les CRS le samedi 5 janvier.

Je voulais vous présenter les choses, ben, comme je sens.

J'ai participé aux huit actes [des Gilets jaunes]. Le premier acte, j'ai fait un petit blocage sur une nationale, une nationale à côté de chez moi. J'ai fait toutes les manifestations du samedi sur Paris.

J'ai vu la répression qui a eu lieu, j'ai vu la police nous gazer, j'ai vu la police faire mal à des gens avec des Flash-Balls, j'ai vu des gens blessés, j'ai vu des retraités se faire gazer, j'ai vu plein de trucs.

Moi, je suis un citoyen normal, je travaille. J'arrive à… J'arrive, j'arrive à finir mes fins de mois, mais c'est compliqué. Mais je manifeste pour tous les retraités, le futur de mes enfants, les femmes célibataires, tout, tout, tout, pour tous, pour tous les… [émotion], tout ce qu'on, tout ce qu'on manifeste… Voilà, je suis un Gilet jaune, je suis un Gilet jaune. J'ai la colère du peuple qui est en moi. Je vois tous ces présidents, je vois tous ces ministres, je vois tout l'État se gaver, se pomper. Ils ne sont même pas capables de montrer l'exemple. Ils ne montrent pas l'exemple. Ils se gavent sur notre dos, on est toujours… c'est toujours nous les petits qui payons.

Voilà… Moi, moi, quand j'entends "les gueux", quand j'entends les "sans-dents", moi je me sens concerné. Parce que je suis français. Je suis fier d'être français. Je ne suis pas d'extrême gauche, je ne suis pas d'extrême droite. Je suis un citoyen lambda. Je suis, je suis un Français. J'aime mon pays, j'aime ma patrie, j'aime tout.

Maintenant, c'est sûr que, à force de se faire taper, de se faire taper, de se faire taper, ben oui, je me suis fait gazer le dernier jour, oui, j'ai voulu avancer sur les CRS, je me suis fait gazer avec mon amie, ma femme, je me suis fait gazer, et à un moment la colère est montée en moi, et oui, ben j'ai mal réagi, oui j'ai mal réagi, mais je me suis défendu et voilà, voilà, je voulais vous dire ça.

Je me rends demain, demain matin je me rends en garde à vue, s'ils ne m'ont pas chopé avant, je n'espère pas, et, peuple français, Gilets jaunes, je suis de tout cœur avec vous, il faut continuer pacifiquement, mais continuez le combat, s'il vous plaît, s'il vous plaît ! »

LES MOTS D'UN GITAN

C'est dit : « Peuple français, Gilets jaunes, je suis de tout cœur avec vous ! »

Et aussi : « Continuez le combat, s'il vous plaît, s'il vous plaît ! »

Cher Christophe, je crois que vous avez été écouté, et bien au-delà de ce que vous pouviez espérer, sûrement, lorsque vous avez prononcé ces paroles jaillies de votre cœur de boxeur.

Vous avez été écouté et entendu par tous les républicains et tous les démocrates, le « peuple français », les « Gilets jaunes ». Vous avez été aussi écouté, manifestement, par Emmanuel Macron, qui n'y a rien compris. Qui n'a trouvé dans l'écoute de votre déclaration du 6 janvier qu'un nouveau motif de mépris du peuple et même, ce coup-ci, de racisme.

Le 31 janvier, devant un cénacle de « journalistes de cour » (expression du clairvoyant Claude Askolovitch) conviés à participer à une « conversation libre » (en off) dans son bureau de l'Élysée, le Prince se lâchait : « Le boxeur, la vidéo qu'il fait avant de se rendre, il a été briefé par un avocat d'extrême gauche. Ça se voit ! Le type, il n'a pas les mots d'un Gitan. Il n'a pas les mots d'un boxeur gitan… » Grâce à l'un des convives, Emmanuel Berretta (*Le Point*), nous avons un aperçu du délire complotiste du chef de l'État.

Ainsi, selon lui, tout le secteur de l'information serait contaminé par « les extrêmes » : « Il y a des activistes politiques qui ont été formés à manipuler les réseaux sociaux. Les chaînes d'info considèrent que ce qui fait événement sur les réseaux sociaux doit être relayé à l'antenne. Et ce qui fait événement sur les chaînes d'info se retrouve deux jours plus tard dans la presse écrite. Or, à l'origine, les réseaux sociaux sont manipulés par les extrêmes qui se surmobilisent (*sic*). » Pis encore, l'ensemble des médias serait manipulé par des « influences extérieures », voire par des puissances étrangères : « Les gens qui sont surinvestis sur les réseaux sont les deux extrêmes. Et après, ce sont des gens qui achètent des comptes, qui trollent. C'est Russia Today, Sputnik, etc. Regardez, à partir de décembre, les mouvements sur Internet, ce n'est plus BFM qui est en tête, c'est Russia Today. [...] La fachosphère, la gauchosphère, la russosphère représentent 90 % des mouvements sur Internet... »

Au feu !

Maître Laurence Léger, un de vos avocats, dénonce, dès le 2 février, sur France Info, « une atteinte indiscutable au principe de séparation des pouvoirs ». Et poursuit : « Je suis abasourdie et stupéfaite. Qu'est-ce que c'est les mots d'un Gitan ? Qu'est-ce que ça suppose comme sous-entendus ? Ça voudrait dire quoi, que les Gitans ne parlent pas français, peut-être ? Ou qu'ils le parlent moins bien que les autres ? Ou que les Gitans sont moins français que les autres, ou des citoyens de seconde zone ? Je dis que ce sont des propos extrêmement graves, extrêmement choquants, ça a un nom, ça s'appelle du racisme, de la discrimination, et venant d'un chef de l'État… Je pense que ce n'est pas digne d'un président. »

Mis à part son caractère outrageant, la parole jupitérienne pose un grave problème légal. Maître Léger ne s'y est pas trompée : « Là, on a une intervention directe du président de la République qui jette le discrédit sur mon client, qui jette le discrédit également sur les avocats, sous-entendant que nous, avocats d'extrême gauche, lui aurions soufflé ses propos. La vidéo réalisée par Christophe Dettinger est une pièce du dossier pénal. C'est sur la base de cette pièce que le procureur de la République a fondé ses réquisitions pour le placement en détention. On nous a dit que, puisque M. Dettinger a dit dans sa vidéo qu'il appelait à poursuivre pacifiquement le mouvement des Gilets jaunes, on en déduit qu'il y a un risque de réitération de l'infraction. C'est la raison par laquelle on a motivé son maintien en détention. »

Le soupçon exprimé explicitement par Emmanuel Macron est d'autant plus délirant que la vidéo évoquée à l'Élysée a été tournée la veille du jour où Laurence Léger a rencontré pour la première fois son client, afin de l'accompagner au commissariat, où il s'est rendu à la police. L'avocate a donc sollicité le bâtonnier de Paris. « J'estime, dit-elle, que ça ne concerne pas uniquement M. Dettinger et moi. Des avocats sont visés, des avocats à qui l'on prête des intentions politiques, pour en déduire qu'ils manipuleraient des pièces du dossier, et cela me paraît grave… »

Votre épouse, Karine, a eu le courage, le 4 février, de répondre à Emmanuel Macron : « Jusqu'ici je n'avais pas pris la parole afin de nous préserver, mes enfants et moi-même… Une vie chamboulée… », écrit-elle ce soir-là sur la page Facebook « Soutien à la famille Dettinger », ponctuant son message par un « Force et honneur » suivi d'un cœur. Au micro de la chaîne de télévision France 3, elle rectifie ainsi, à propos de votre pugilat du 5 janvier sur la passerelle Léopold-Sédar-Senghor : « Si mon mari réagit comme cela, c'est qu'il a vu une injustice devant lui, une femme matraquée au sol. » Puis elle commente dignement les propos complotistes du Prince : « C'est humiliant, complètement humiliant. Mon mari a fait des études, il est responsable, il travaille, on paie nos impôts, on est français, on est des citoyens honnêtes et on nous rabaisse. On est anéantis avec mes enfants. Mon mari ne mérite pas sa place en prison. »

Avec Karine, dès notre première rencontre, vous m'avez raconté à quel point vous êtes tous deux révoltés, depuis l'enfance, par la discrimination et l'injustice.

Vous avez donc décidé, Christophe, de porter plainte pour « injure raciale et diffamation ». Et, le 8 février, maître Hugues Vigier, votre autre avocat, mandaté pour rédiger une citation directe contre Emmanuel Macron, affirme sobrement, à propos d'une part du off élyséen : « Il s'agit d'une injure visant un groupe ou une ethnie. »

« Le type, il n'a pas les mots d'un Gitan... »

Vous, Christophe, vous n'avez pas perdu la raison, ni votre confiance en la justice, puisque du fond du sort carcéral inique qui vous est fait, par évidente lettre de cachet, vous avez corrigé dignement ce délire présidentiel.

Vous vous êtes ainsi dit « choqué » par cette vulgarité, cette bêtise, ce racisme ordinaire d'Emmanuel Macron. On pense et on parle peut-être comme ça, dans un certain entre-soi petit-bourgeois d'Amiens et du Touquet. Ce sont là des pensées et des paroles qui ont produit le *Samudaripen*, le génocide « couleur de fumée » des Gitans, entre 1933 et 1945[1], puisque, en France l'ignorance désigne ainsi, indistinctement, les Tsiganes, les Roms, les Manouches... Tout esprit sensé et instruit sait bien cela.

Et puis, comment ne pas relever l'aspect paranoïaque de la « conversation libre » du chef de l'État avec une poignée de chiens de garde ? Hugues Vigier y relève cette phrase symptomatique : « Le boxeur, la vidéo qu'il fait avant de se rendre, il a été briefé par un avocat d'extrême gauche. Ça se voit ! » Avant de

1. La communauté française des Gitans, dont la population était estimée à 42 000 membres en 1939, a compté entre 14 000 et 15 000 morts pendant l'Occupation : Donald Kenrick et Grattan Puxon, *Destins gitans : des origines à la solution finale*, trad. Jean Sendy, Paris, Calmann-Lévy, 1974, en coll. Tel chez Gallimard, 1995 ; Christian Bernadac, *L'Holocauste oublié. Le massacre des Tsiganes*, Paris, France-Empire, 1979, en Livre de Poche, 1982 ; Guenter Lewy, *La Persécution des Tsiganes par les nazis*, Paris, Les Belles Lettres, 2003.

commenter: « Il est sur le mode "théorie du complot", comme si mon client avait été trop bête pour avoir pensé ça tout seul. C'est archiviolent. Il le fait passer pour un débile mental alors qu'il [Emmanuel Macron] est censé préserver la cohésion sociale… »

HOMMES LIBRES

Oui, Christophe, vous êtes « le Gitan de Massy », et cette identité vous donne une sorte de noblesse, en fait : celle qui se forge, durant des siècles, dans les folies de l'Histoire.

Vous êtes, pour être plus précis – et moins « cliché » – qu'Emmanuel Macron, un Yéniche. Votre communauté, certes peu connue, se serait constituée à partir de nombreux groupes sociaux européens, principalement germaniques, depuis l'an mil : voyageurs, mendiants ou gens libres itinérants (« Yienische » et « Freileute ») dans le Bade-Wurtemberg, « Manouches » et commerçants itinérants juifs d'origine alsacienne, comme en attestent les hébraïsmes de la langue yéniche et les nombreuses similitudes dans les patronymes des deux communautés… Vous tenez d'ailleurs beaucoup à ce cousinage, m'avez-vous dit.

Tous ces hommes libres, vos ancêtres, ont tracé leurs chemins vagabonds dans une objection de conscience, hautement civilisée, aux violences de la longue histoire européenne, développant des cultures, musiques et langages originaux, fondant dans le creuset d'une humanité volontairement marginale les expériences de tous les persécutés. Une humanité résistante, car, comme les Juifs, les « nomades » de France se sont insurgés face aux nazis et à leurs collaborateurs[1].

Vous êtes bien issu de cette valeureuse lignée, Christophe Dettinger, étant enfant de l'une des plus grandes familles yéniches de notre pays, très présente en Alsace, Rhône-Alpes, région parisienne... Une recherche étymologique sur votre nom relève qu'il manifesterait « une notion d'honneur ».

J'en suis intimement convaincu, vous aimerez beaucoup ce passage de la prédication que le pasteur Roland de Pury, résistant de la première heure et Juste parmi les nations, prononça le dimanche 14 juillet 1940, à Lyon, en chaire du temple Lanterne : « La France morte, on pourrait pleurer sur elle, mais la France qui trahirait l'espoir que les opprimés mettent en elle, mais la France qui aurait vendu son âme et renoncé à sa mission, nous aurait dérobé jusqu'à nos larmes. Elle ne serait plus la France. [...] Si la France, parce qu'elle est défaite, se met à douter de la justice de cette lutte

---

1. Lise Foisneau et Valentin Merlin, « French Nomads' Resistance. 1939-1946 », in Angela Kóczé et Anna Lujza Szász (éd.), *Roma Resistance during the Holocaust and in its Aftermath. Collection of Working Papers*, Budapest, Tom Lantos Institute, 2018, p. 57-101. Lire aussi Jan Yoors, *La Croisée des chemins. La guerre secrète des Tziganes, 1940-1944*, Paris, Phébus, 1992, 2005 (Pays-Bas), et Denis Peschanski, *Les Tsiganes en France, 1939-1946*, Paris, CNRS, 2010. Plus généralement : Denis Peschanski, *Des étrangers dans la Résistance*, Paris, éditions de l'Atelier, 2002, réédité en 2013 avec le DVD *La Traque de l'Affiche rouge*.

qu'elle a menée, et si par conséquent elle étouffe sa mission de justice, alors elle est pis que morte, elle est décomposée, elle est prête pour toutes les infamies.[1] »

De toute façon, vous représentez bien l'une des « deux France » qui s'opposent périodiquement, depuis la Révolution : la résistante contre la pétainiste, la dreyfusarde contre l'antisémite, la laïque contre la cléricale, la républicaine contre la monarchiste, la démocrate contre l'impériale, la libertaire contre la versaillaise, la populaire contre la bourgeoise, la porteuse de valises contre la coloniale, la rouge contre la blanche…

Dans l'Histoire, puisque vous y êtes entré d'un bon pied, votre révolte fait déjà écho à celles de 1624 (les croquants contre la gabelle de Richelieu), 1702 (les camisards contre les dragons de Louis XIV), 1789 (la Bastille !), 1830 (Trois Glorieuses, révolution de juillet), 1831 (les Canuts de Lyon), 1848 (printemps des peuples, révolution de février), 1871 (la Commune), 1936 (Front populaire, Brigades internationales), 1940-1944 (la Résistance), 1968 (Mai), 2018 (les Gilets jaunes).

C'est de toute évidence cette tradition pluriséculaire de rêves et de luttes pour la liberté, l'égalité et la fraternité qui vous inspire. Une tradition qui s'incarne, sans triomphe ni résignation, dans « l'histoire populaire de la France », de « la France rebelle »[2].

---

1. Cité par Patrick Cabanel, *Résister, voix protestantes*, Nîmes, Alcide, 2012, p. 62 et 63.

2. Charles Tilly, *La France conteste, de 1600 à nos jours*, Paris, Fayard, 1986 ; Xavier Crettiez et Isabelle Sommier (dir.), *La France*

DONNER DES COUPS

De la France populaire et rebelle, Christophe, vous êtes un champion. Un vrai.

En mars 2003, vous devenez champion de France seniors des moins de 91 kilos, en boxe anglaise. En 2004, vous boxez en équipe de France. En 2007, vous voici champion de France des lourds-légers, la catégorie des athlètes pesant entre 79,378 et 90,719 kilos. « C'était un longiligne, qui se servait très bien de sa morphologie. C'était un très bon technicien, très précis », raconte Jacky Trompesauce, l'un de vos anciens entraîneurs. Enfin, vous raccrochez les gants en 2013, après 18 victoires, un nul et quatre défaites seulement.

Aujourd'hui, à l'âge de 38 ans, toujours en grande forme, élancé et puissant, vous mesurez 1,92 mètre et pesez 91 kilos.

J'ai vu cet excellent dessin de l'illustrateur de presse Fred Sochard, publié sur son blog hébergé par *Mediapart*[1], où est représenté le président de la République assis sur son tabouret, dans un coin du ring, grimaçant : « Dettinger ?! Qu'il vienne me chercher ! » J'ai bien ri.

---

rebelle. Tous les mouvements et acteurs de la contestation, Paris, Michalon, nouvelle édition, 2006 ; Michelle Zancarini-Fournel, *Les Luttes et les rêves. Une histoire populaire de la France, de 1685 à nos jours*, Paris, Zones/La Découverte, 2016 ; Gérard Noiriel, *Une histoire populaire de la France. De la guerre de Cent Ans à nos jours*, Marseille, Agone, 2018.

1. https://blogs.mediapart.fr/fred-sochard.

Avez-vous imaginé, un instant, un combat avec Édouard Philippe ? Ne vous a-t-il pas provoqué, par avance, si l'on réécoute ses surprenantes déclarations pugilistiques ? Le 15 mai 2017, dès qu'il est nommé Premier ministre, répondant à l'inénarrable Gilles Bouleau (TF1) : « Je prends un peu des coups, j'en donne aussi. » Le 22 décembre 2018, au *Journal du dimanche*: « La politique, c'est comme la boxe. Quand vous montez sur le ring, vous savez que vous allez prendre des coups. J'en prends. Je peux en donner aussi. J'aime ça. »

Paroles dignes d'un Premier ministre ?

Vous, Christophe, vous n'avez pas du tout « aimé » donner des coups, le 5 janvier, sur la passerelle Léopold-Sédar-Senghor. Vous l'avez dit, dès le lendemain, dans votre vidéo : « À un moment, la colère est montée en moi, et oui, ben j'ai mal réagi, oui j'ai mal réagi, mais je me suis défendu. »

Lors de votre garde à vue, le lundi 7 janvier, vous avez expliqué que vous avez « mal réagi » en voyant, entre autres violences, les gendarmes mobiles « donner des coups de matraque à une femme au sol, avec un manteau rouge », précisant que vous avez rapidement cessé de donner des coups au jeune fonctionnaire qui était tombé par terre : « J'ai vu dans son regard la peur, j'ai donc arrêté. »

Mais il y avait une femme matraquée au sol, avec un manteau rouge.

CHAPITRE 2

Qui sauve une vie

« Celui qui sauve un homme sauve le monde. »

Talmud, traité Baba Batra, 15b

« Il existe une sentence rabbinique affirmant que "Celui qui sauve un homme est considéré comme ayant sauvé tous les hommes ; celui qui détruit un homme est vu comme ayant détruit toute l'humanité". »

Abraham J. Heschel[1]

« Force et honneur ! » C'est aussi la devise de votre épouse, Karine, de toute votre famille et de vos amis, lesquels ont ouvert une page Facebook, « Soutien à la famille Dettinger », le 10 janvier, pour y diffuser des

1. Abraham J. Heschel, *The Insecurity of Freedom: Essays on Human Existence*, New York, Farrar, Straus & Giroux, Inc., 1966 (trad. Edward K. Kaplan, dans *La Sainteté en paroles*, Paris, Cerf, 1999).

nouvelles et y recueillir des milliers de témoignages de solidarité et d'admiration[1], comme l'annonce le premier message posté : « C'est avec un goût amer que nous entamons cette page, mais pleins d'espoir. Vous avez été des milliers à nous soutenir et nous vous en remercions sincèrement. Christophe comme vous avez pu le voir n'a pas été libéré, une décision difficile pour nous, ses proches. Nous appelons au calme et au respect de chacun. Il est important pour nous et pour lui que ce drame familial ne se reproduise pas pour l'un d'entre vous. [...] La famille Dettinger et ses proches. Force et honneur. »

On lit, dans cet envoi, le souci naturel des vôtres pour les autres. Cette « décence commune » si chère à George Orwell[2]. « Nous appelons au calme et au respect de chacun. Il est important pour nous et pour lui que ce drame familial ne se reproduise pas pour l'un d'entre vous » : écrire cela ressemble à la façon dont vous vous êtes précipité, Christophe, au secours d'une femme tabassée par les gendarmes, le 5 janvier, sur la passerelle Léopold-Sédar-Senghor. Le témoignage de celle-ci est sans ambiguïté.

Dès le 8 janvier, en milieu de journée, au micro de la radio RTL, une jeune femme a effectivement confirmé avoir été défendue par vous : « J'étais déjà au sol, en boule, et Christophe Dettinger est venu, a pris le CRS qui était en train de me frapper et l'a enlevé. Il m'a

1. https://www.facebook.com/Familledettinger/.
2. Bruce Bégout, *De la décence ordinaire*, Paris, Allia, 2008.

sauvé la vie. » Le jour même, accompagnée de son avocat, Philippe de Veulle, cette personne courageuse a essayé, en vain, de porter plainte contre les gendarmes pour violences volontaires, espérant « aider ainsi ce père de trois enfants, au casier judiciaire vierge ».

Le récit complet de Gwenaelle Antinori Le Joncour sur ce qui s'est vraiment passé sur la passerelle Léopold-Sédar-Senghor, avant que « le boxeur » ne vienne à son secours, est édifiant : « Sur les vidéos, on me voit en boule rouge par terre, au sol, sur le pont. Je marchais en famille, je me suis retrouvée par terre, au sol. Un policier m'a donné des coups de matraque et des coups de pied. Un autre a essayé de l'arrêter en disant : "Arrête de la taper, arrête de la taper", puisque je n'avais rien fait, je ne faisais que marcher. Le policier n'arrivait pas à arrêter son collègue qui était déchaîné, et Monsieur Dettinger est arrivé, a pris le policier et l'a enlevé de moi. J'ai reçu des coups de matraque dans la bouche, dans les dents, des coups de pied dans les côtes. Et comme j'ai un problème pulmonaire, si j'avais reçu trop de coups, trop longtemps, j'y passais. Donc, il m'a sauvée. Il m'a sauvé la vie. »

« Il m'a sauvée. Il m'a sauvé la vie. »

Vous-même, Christophe, en garde à vue, le 7 janvier, vous avez déclaré que c'est en voyant les forces de l'ordre « donner des coups de matraque », notamment à « une femme au sol, avec un manteau rouge », que vous avez senti « une colère monter en [vous] ». Trois jours plus tard, lors d'une comparution immédiate, au cours de laquelle votre procès est renvoyé au

13 février, décision assortie de votre placement injustifiable en détention provisoire, vous avez précisé les circonstances de votre action: « Samedi dernier, avec ma femme, mon ami, mon oncle et ma tante, je venais manifester pacifiquement. On s'est fait gazer, mais on a continué notre chemin. Ensuite, j'ai vu des heurts, mais j'ai encore continué mon chemin. Je voyais ces choses, mais je ne m'arrêtais pas. Sauf que, sur la passerelle, je me suis retrouvé devant. Je n'aurais pas dû taper les gendarmes. Mais c'était comme si je voyais une dame se faire agresser dans le métro par dix personnes. »

Votre déposition est confortée par un second témoignage, celui d'une femme encore. Venue de l'Essonne, Brigitte manifestait aussi, le samedi 5 janvier, à Paris, « pour la première fois de [sa] vie ». Elle raconte, dès le 7 janvier, vidéo à l'appui: « J'y étais [sur la passerelle] et ce boxeur, ainsi que d'autres citoyens m'ont protégée, car ils ont eu peur pour moi. J'étais isolée entre les CRS et la BAC [brigade anticriminalité] déchaînée! On a laissé partir les CRS. Ils étaient encerclés et ils auraient pu être lynchés par les citoyens en colère, mais, justement, on leur a dit de dégager, d'évacuer... Quand je dis "on", ce sont les messieurs qui m'entouraient, pas que Christophe Dettinger... Je suis contre la violence et je me serais interposée pour éviter un lynchage. Même si aujourd'hui j'ai perdu tout respect pour les forces de répression, après ce que j'ai vu de mes propres yeux, entendu et subi, alors que je suis pacifique et non armée bien sûr. Je n'ai jamais nui à autrui sciemment, je hais la violence, je suis profondément pacifique mais je comprends que des personnes pètent les plombs devant tant de répression démesurée, face à des citoyens non armés qui sont gazés, mutilés, chargés, matraqués… »

« Devant tant de répression démesurée… »

Ces paroles qui jaillissent spontanément pour vous justifier, cher Christophe, font écho à celles, aujourd'hui classiques, de dom Hélder Pessoa Câmara : « Il y a trois sortes de violence. La première, mère de toutes les autres, est la violence institutionnelle, celle qui légalise et perpétue les dominations, les oppressions et les exploitations, celle qui écrase et lamine des millions d'hommes dans ses rouages silencieux et bien huilés. La seconde est la violence révolutionnaire, qui naît de la volonté d'abolir la première. La troisième est la violence répressive, qui a pour objet d'étouffer la seconde en se faisant l'auxiliaire et la complice de la première violence, celle qui engendre toutes les autres. Il n'y a pas de pire hypocrisie de n'appeler violence que la seconde, en feignant d'oublier la première, qui la fait naître, et la troisième qui la tue.[1] »

COMPARUTION IMMÉDIATE

À l'issue d'une garde à vue éprouvante, ils ont tenté de vous juger en comparution immédiate, de nuit,

1. Hélder Dom Pessoa Câmara, *Spirale de violence*, Paris, Desclée de Brouwer, 1970, cité par Edwy Plenel, dans *La Victoire des vaincus. À propos des gilets jaunes*, Paris, La Découverte, 2019, pages 141 et 142.

vers 22 heures, le 9 janvier, devant la 23e chambre du tribunal correctionnel de Paris, pour « violences volontaires en réunion sur personne dépositaire de l'autorité publique » ayant entraîné une incapacité totale de travail (ITT) supérieure à huit jours et une seconde ITT inférieure à huit jours, un délit passible de sept ans d'emprisonnement et de 100 000 euros d'amende. Les avocats de vos « victimes », ainsi que le parquet, estimaient que « le dossier est en l'état », que « les faits sont reconnus », et exigeaient donc un jugement immédiat, exemplaire, sans pitié : « Vous avez tous les éléments pour rendre une bonne justice... »

« Une bonne justice... » Expéditive !

Le tribunal a certes repoussé le procès au 13 février, mais il vous a placé en détention provisoire et a même décidé que l'affaire serait jugée en l'état, le renvoi à l'instruction du dossier et les demandes d'informations supplémentaires réclamés légitimement par votre défense ayant été rejetés... Ce qui vous privait d'une enquête judiciaire sur l'ensemble des faits du 5 janvier, leurs tenants et aboutissants.

Ce qui privait la justice de toute la vérité !

Ce soir-là, le 9 janvier, pas moins de cinq policiers vous entourent, Christophe, dans le box du tribunal correctionnel de Paris, à l'ombre de votre mètre quatre-vingt-douze. Il est vrai que les deux gendarmes que vous avez frappés, avec beaucoup de maîtrise, quatre jours plus tôt, se sont vu prescrire respectivement deux et quinze jours d'incapacité totale de travail (ITT), ce qui ne prouve en rien qu'ils aient été sérieusement blessés[1].

Ce premier « procès » avorté est un spectacle, façon jeux du cirque, au cours duquel les déclarations des avocats des deux gendarmes et celles de la représentante du parquet – l'accusation – rivalisent de déraison. « Les violences commises samedi contre les deux gendarmes sont des violences graves, méthodiques, froides, réitérées. Elles sont allées à la limite de l'intention homicide. La riposte doit être foudroyante, il en va de la stabilité de notre État dans une période où nous sommes à deux doigts d'un drame », tonnent les avocats « militants » (*dixit* leur communication institutionnelle) des deux militaires, Thibault de Montbrial et Emélie Samson, du cabinet Montbrial Ingouf Avocats (MI2), dans la salle d'audience.

---

1. Fiche experte de l'Institut de victimologie : « Les arrêts de la chambre criminelle de la Cour de cassation des 22 novembre 1982, 30 juin 1999 et 6 février 2001 définissent l'incapacité totale de travail (ITT). L'arrêt de la chambre criminelle de la Cour de cassation de 1982 précise que l'ITT n'implique pas l'amputation totale de toute la capacité de l'individu mais qu'elle concerne l'amputation de la capacité totale qu'avait l'individu avant le fait traumatique. [...] Il s'agit de la durée pendant laquelle une victime éprouve une gêne notable dans les actes de la vie courante et non pas uniquement de la gravité des blessures. La définition de "gêne notable" porte à controverse. Aucune jurisprudence ou consensus médical ne s'étant imposé, l'évaluation de l'ITT varie considérablement d'une juridiction à une autre, d'un magistrat à un autre, d'un médecin légiste à un autre. »

Notons, au passage, que Thibault de Montbrial, avocat spécialisé dans la défense des forces de sécurité, la légitime défense, la défense de victimes d'accidents collectifs et d'actes terroristes…, est l'auteur d'un essai, *Le Sursaut ou le chaos*, publié chez Plon, en juin 2015, que l'hebdomadaire d'extrême droite *Minute* a qualifié de « livre de salut public ». L'homme est favorable à l'extension de la légitime défense, plaide pour le port d'arme permanent par les « personnes habilitées ». Dans un entretien accordé au *Parisien Magazine*, publié le 6 janvier 2017, il expliquait : « Il n'est pas logique que les policiers soient soumis aux mêmes règles que les autres citoyens en matière de légitime défense. »

Le Syndicat de commissaires de police nationale (SCPN), celui qui tweete plus vite que son ombre, s'est constitué partie civile pour soutenir les gendarmes. « Cet individu [vous, Christophe] mérite la sanction la plus élevée », estime l'avocat du syndicat, Rémi-Pierre Drai.

« La sanction la plus élevée… » Pensait-il à l'emprisonnement à perpétuité ?

Quant à la procureure, elle dénonce le « risque de réitération des faits », car vous « revendiquez » votre appartenance au mouvement de Gilets jaunes et pourriez donc, à nouveau, vous retrouver face à des forces de l'ordre. « Au vu de cette détermination, il y a un vrai risque que les faits se reproduisent », insiste-t-elle. Plus grave encore : « Il [vous, Christophe] a organisé de sang-froid sa disparition pendant quarante-huit heures avant de se livrer. Il a demandé à sa femme et à ses enfants de se cacher. Il s'est réfugié chez un ami, dont il refuse de donner le nom. Il sait faire cela. Pour éviter qu'il ne disparaisse à nouveau, je demande le placement en détention provisoire. »

Message reçu cinq sur cinq par le tribunal correctionnel, qui délivre alors un mandat de dépôt à votre encontre, visant à « empêcher la réitération des faits et une soustraction à la justice ». Au mépris de la jurisprudence.

Jurisprudence pourtant clairement exposée par vos deux avocats, qui contestent ce placement en détention provisoire puisque vous présentez « toutes les garanties de représentation possibles ».

Vous n'êtes pas venu à la manifestation du 5 janvier – votre neuvième parmi les Gilets jaunes – pour « en découdre ». Vous étiez en famille, Christophe, rappellent maîtres Laurence Léger et Hugues Vigier, qui vous défendent. Le témoignage de votre épouse, appelée face à la cour, est sans équivoque : « Les policiers bloquaient tous les axes. Nous ne pouvions plus faire marche arrière, la tension est montée... »

Maître Laurence Léger interroge, en vain : « Qui sont les autres auteurs des coups de pied portés aux gendarmes ? Si on ne tient pas compte du contexte, autant lui [vous, Christophe] mettre le maximum et lui couper la tête tout de suite ! »

L'enquête de personnalité menée à votre endroit souligne votre « grande stabilité », puisque vous êtes propriétaire de votre maison, fonctionnaire territorial titulaire depuis une dizaine d'années, responsable de la voirie et de la propreté dans une commune de l'Essonne, que vous vivez avec votre épouse et vos enfants.

« Une vie on ne peut plus normale... Il est marié, il a trois enfants, il est employé de mairie, il est propriétaire de son pavillon et il a un casier judiciaire vierge », résumait, en fin d'audience, maître Laurence Léger.

Maître Hugues Vigier a témoigné, pour sa part, que vous êtes « un homme bien », Christophe, que vous êtes « un parmi les autres citoyens oubliés et méprisés, et que c'est d'ailleurs ça le sens de [votre] combat ».

LA RÉSISTANCE

Le 28 janvier, s'opposant à votre demande de remise en liberté sous contrôle judiciaire, la représentante du parquet général a sombré dans l'outrance, dénonçant la « personnalité extrêmement inquiétante et dangereuse de cet homme [vous, Christophe] parfaitement impulsif et totalement déterminé à commettre des actes violents ».

Au fond, ce que l'État français, la police et la justice subordonnées à l'exécutif ne supportent pas, ne peuvent tolérer, c'est que vous ayez réussi, le 5 janvier, à faire reculer, seul, non masqué et non armé, les « forces de l'ordre » sur une bonne dizaine de mètres ! David des Gilets jaunes, vous avez vaincu et humilié le Goliath de Macron-Philippe-Castaner.

Comment est-ce possible ? Cette fois-ci, cette unique fois, la violence policière déchaînée depuis des semaines, les coups de matraque, les tirs tendus et à bout portant de « balles de défense » (LBD 40) ou de grenades de désencerclement, les charges systématiques sur des femmes, des jeunes (des enfants, y compris), des personnes âgées, des hommes ordinaires..., n'ont pas eu le dessus ?

La Résistance, ce fut d'abord une « société éthique » extraordinaire de gens ordinaires, une communauté fraternelle où s'expérimenta, comme jamais, la vertu politique de l'amitié[1]. Ainsi en témoigna Jean-Pierre Vernant, dans son très beau livre *Entre mythe et politique*, et comme je l'ai entendu me le dire souvent, lorsque j'étais enfant : « Ceux qui étaient communistes et qui ont participé activement à la Résistance à côté de non-communistes ont été profondément modifiés dans leur façon d'être communistes ; ils ont, à mes yeux, cessé de croire qu'il s'agissait soit de conquérir les autres, soit de les éliminer. Ils ont été amenés à penser qu'il devait exister un moyen de s'entendre avec les autres pour créer quelque chose ensemble. Et l'amitié, c'est aussi cela : s'accorder avec quelqu'un qui est différent de soi pour construire quelque chose de commun.[2] »

1. Gérard Rabinovitch, *Terrorisme/Résistance*, Lormont, Le Bord de l'eau, 2014, p. 15 et 16.

2. Jean-Pierre Vernant, sous le titre « Tisser l'amitié », dans *Entre mythe et politique*, Paris, Seuil, 1996, p. 26 et 27.

Vous, Christophe, fonçant au secours d'une femme à terre, tabassée par un gendarme lourdement équipé, vous avez opposé, avec « force et honneur », votre éthique fraternelle à une violence qui vous a révolté.

Pour l'État français, ce fut une rébellion insupportable ! Pour nous, une résistance…

Vous êtes devenu, dans l'après-midi du samedi 5 janvier, un symbole politique de la révolte contre les violences policières, de la résistance à la dérive monarchique d'Emmanuel Macron, de la décence commune face à l'indécence extraordinaire du gouvernement d'Édouard Philippe et du Parlement godillot de la prétendue République en marche.

Vos avocats, Christophe, l'ont tout de suite compris. « C'est une affaire banale qui est devenue extraordinaire à cause de l'emballement médiatique. Il faut faire la part des choses entre le caractère politique du dossier et les faits très communs de ce même dossier », préviennent-ils, toujours en vain, dès le 9 janvier.

Vous, face aux avocats des gendarmes et aux juges, vous êtes toujours resté sur un registre fondamentalement humain.

Avant que « la cour » ne se retire pour prendre sa décision sur votre placement en détention, vous avez pris la parole. Debout, malgré la fatigue et l'angoisse, vous avez laissé parler votre cœur de boxeur : « Samedi dernier, avec ma femme, mon ami, mon oncle et ma tante, je venais pacifiquement. On s'est fait gazer, mais on a continué notre chemin. Ensuite, j'ai vu des heurts, mais j'ai encore continué mon chemin. Je voyais ces choses, mais je ne m'arrêtais pas. Sauf que sur la passerelle, je me suis retrouvé devant. Je n'aurais pas dû taper les gendarmes. Je me suis fait gazer, j'en ai pris plein la tête. Et puis j'ai perdu ma femme et j'ai vu des gens au sol. Et cette femme en rouge, par terre, qu'un gendarme rouait de coups. C'était comme si je voyais une dame se faire agresser, dans le métro, par dix personnes. »

« C'était comme si je voyais une dame se faire agresser, dans le métro, par dix personnes… »

Maître Philippe de Veulle, avocat de Gwenaelle Antinori Le Joncour, présente à l'audience pour témoigner que vous lui avez « sauvé la vie », a déploré l'impossibilité de la cour et de sa présidente à « juger sereinement ». Il a même accusé celles-ci de ne pas avoir fait « la part entre le procès judicaire et le politique », alors même que « la répression qui sévit dans le territoire national » est du « jamais-vu sous la Ve République ». « Il s'agit d'un procès d'État. C'est la première fois de ma vie que je vois le gouvernement s'immiscer de cette manière dans une affaire de justice », a-t-il dénoncé, en conclusion.

Un de vos deux avocats, maître Hugues Vigier, a fait cette substantielle analyse, à chaud : « La motivation retenue pour justifier la détention provisoire de Christophe Dettinger est une motivation d'habillage qui, pour nous, n'est pas conforme à ce qu'un juge doit dire. Qu'est-ce qu'on lui demande ? De ne plus commettre d'infraction ? Ou faut-il aussi qu'on le trépane, qu'il abjure, qu'il ne croie plus à ce en quoi il croit ?

Quel est le vrai problème, qu'est-ce que veut le procureur de la République ? Que Christophe Dettinger ne violente plus des policiers ou des gendarmes, ce qui est normal, ou qu'il ne soit plus Gilet jaune ? Est-ce qu'il faut normer toute la population et que le ministère public [le parquet] s'en charge maintenant ? [...] Je ne suis pas dans la tête des juges, pour savoir ce qui a motivé leur choix. Cela étant, il y a une forme de pression. Si je n'imagine pas que les magistrats du siège aient reçu des instructions particulières, il est habituel que le parquet reçoive des consignes. On a forcément le sentiment que c'est la pression politique, dans ce type d'affaires, qui explique une décision que l'on ne comprend pas, que l'on ne trouve pas juste. Une espèce d'injonction émise par les politiques, qui feraient mieux de respecter en permanence la séparation des pouvoirs, qui ne le font que quand un des leurs est mis en examen, mais qui, quand ils veulent clouer au pilori quelqu'un, font exactement l'inverse, en demandant au juge, en gros, qu'il fasse son travail avec la plus grande fermeté, la plus grande sévérité. En somme, on ne respecte l'indépendance de la justice que quand ça arrange, sinon le pouvoir exécutif passe son temps à faire des injonctions aux juges. »

Après l'annonce de votre placement immédiat en détention provisoire, vous avez quitté la salle d'audience du tribunal correctionnel, sans dire un mot de plus.

Vous voyant partir pour la geôle, à Fleury-Mérogis, j'ai eu cette phrase de Roland de Pury, écrite dans sa cellule du fort de Montluc (Lyon), en 1943, qui m'est revenue à l'esprit : « Ah ! Tu [Dieu] me fais durement saisir que c'est là justement tout le problème, l'unique problème de notre destinée : esclavage ou liberté.[1] »

Dans les couloirs du Palais de justice, des amis à vous ont crié : « Courage ! » « Inadmissible ! » « Elle est belle, la France ! » « Tiens bon Christophe ! » « C'est honteux ! » « On va se révolter, vous allez voir ! » « Justice politique ! » « Vous allez l'avoir, la révolution ! »

Les lettres de cachet de l'Ancien Régime ont motivé la prise de la Bastille, le 14 juillet 1789. Michelet voyait en elles « l'essence et la vie même de ce gouvernement » absolutiste, racontant : « Les prisons se remplissent en 1777. C'est la vraie pente monarchique. *Roi*, *Bastille*, sont deux mots synonymes.[2] »

FAIT DU PRINCE

« Justice politique ! » « Vous allez l'avoir, la révolution ! »

Car, aujourd'hui comme au bas Moyen Âge, « le roi est source de toute justice ». De toute injustice, plutôt.

Et il abuse de la « justice retenue », en vertu de laquelle il peut arbitrer, trancher en dernier ressort.

Le roi, c'est Emmanuel Macron déclarant, le 31 janvier 2019, devant un cénacle de « journalistes

---

1. Roland de Pury, *Journal de cellule*, Lausanne, La Guilde du Livre, 1944, p. 90.

2. Jules Michelet, *Œuvres complètes. Histoire de France*, tome XVI, *Louis XV et Louis XVI*, chapitre XIX – « Révolution dans la Famille – Mirabeau (1776-1786) », Paris, Flammarion, 1895, p. 303.

de cour » : « Le boxeur, la vidéo qu'il fait avant de se rendre, il a été briefé par un avocat d'extrême gauche. Ça se voit ! Le type, il n'a pas les mots d'un Gitan. Il n'a pas les mots d'un boxeur gitan… »

Maître Laurence Léger a – avec quel résultat ? – sollicité le bâtonnier de Paris à propos de cette déclaration raciste qui est manifestement aussi « une intervention directe du président de la République qui jette le discrédit sur [son] client, qui jette le discrédit également sur les avocats » et discrédite la vidéo enregistrée par vous-même, Christophe, le dimanche 6 janvier. Or, comme l'explique votre avocate, « c'est sur la base de cette pièce que le procureur de la République a fondé ses réquisitions pour [votre] placement en détention ».

Sa conclusion est parfaitement logique : « Je dis que c'est extrêmement problématique et qu'on a, à mon sens, une atteinte indiscutable au principe de séparation des pouvoirs. Il y a, incontestablement, dans ce dossier, une volonté politique de faire pression sur les magistrats, qui pose problème, et cette pression est forte. »

« Pression sur les magistrats » ?

Pur et simple asservissement, en fait !

En à peine un semestre, Emmanuel Macron et son exécutif ont verrouillé la justice la plus stratégique, comme aucun président de la Ve République n'avait osé le faire auparavant.

En juillet 2018, deux candidats aux postes de procureur de Paris et de procureur antiterroriste ont été reçus par le Premier ministre, Édouard Philippe. Des

« entretiens préalables » contraires à tous les us et coutumes. La magistrature française, pourtant constitutionnellement si peu indépendante[1], est sidérée. « Un dégoût », commente Céline Parisot, secrétaire générale de l'Union syndicale des magistrats (USM), majoritaire au sein de l'ordre judiciaire français. « Quelque chose d'innommable », renchérit Philippe Bilger, ancien avocat général, responsable du service de la cour d'assises au sein de la cour d'appel de Paris. « Une manœuvre grossière », selon le Syndicat de la magistrature…

Six mois plus tôt, Emmanuel Macron avait pourtant prévenu, devant la Cour de cassation : « Le parquet à la française se doit d'être rattaché à la garde des Sceaux. Qui pourrait assurer la politique pénale en autonomie complète ? À la fin tout doit procéder, quelque part, de la légitimité du peuple. » Or, en Ve République, seul le président ose se réclamer de « la légitimité du peuple ». Même quand il n'a été élu, au second tour de l'élection présidentielle, que par 43,63 % des inscrits et 39,61 % du corps électoral potentiel…[2]

---

1. La Cour européenne des droits de l'homme (CEDH) a condamné la France au motif qu'un procureur n'est pas une autorité judiciaire et qu'il ne peut pas rendre un jugement dans les conditions d'indépendance requises par la jurisprudence (CEDH, 2010, France Moulin). L'arrêt Moulin remet en question la procédure pénale française qui donne au procureur la capacité de placer en garde à vue une personne arrêtée, alors que le procureur ne présente pas les garanties requises d'indépendance à l'égard de l'exécutif et des parties.

2. Le 8 mai 2017, Emmanuel Macron recueille 20 703 694 voix (résultats définitifs), soit 66,06 % des exprimés, 43,63 % des ins-

Usurpation! «Coup d'État permanent», jusqu'à la nausée. Fait du prince.

L'abus de pouvoir présidentiel a franchi les dernières limites, début octobre 2018, au sujet d'une des plus importantes nominations de la chancellerie, celle du procureur de la République de Paris, celui-ci étant chargé de prendre des réquisitions dans plusieurs affaires explosives pour l'exécutif (Benalla surtout).

Jusqu'alors, les procureurs de la République étaient nommés par le garde des Sceaux (ministre de la Justice), après avis du Conseil supérieur de la magistrature et à la suite d'un décret du président de la République. Le 3 octobre 2018, la garde des Sceaux, Nicole Belloubet, nommait Rémy Heitz, alors directeur des affaires criminelles et des grâces, comme successeur de François Molins, au poste de procureur de la République de Paris. Cette nomination était la seule possible, l'Élysée ayant rayé les noms de tous les autres candidats, dont celui de Marc Cimamonti, procureur de Lyon, qui était le favori de la ministre…

SPARTACUS

Vous êtes loin, tellement loin de cette corruption, Christophe!

---

crits, 39,61 % du corps électoral potentiel. Les abstentionnistes, les votes blancs et nuls représentent 20 929 000 personnes, soit 40,04 % du corps électoral potentiel.

Vous êtes un « homme bien », comme l'a dit l'un de vos avocats, maître Hugues Vigier.

Comme le disent aussi des dizaines de milliers de citoyennes et citoyens, par les moyens dont ils disposent, n'ayant aucun accès aux médias patentés.

Ainsi, lancée dès votre arrestation, une cagnotte en ligne (plateforme Leetchi), destinée à payer vos frais de justice, a atteint les 145 000 euros, en moins de deux jours, offerts par « solidarité » et « fraternité » par plus de 8 600 donateurs. Mais celle-ci a été bloquée, puis confisquée, sous pression politique, dès le 8 janvier. Car, à la demande de la Confédération nationale du Crédit Mutuel, le Crédit Mutuel Arkéa, propriétaire de la plateforme Leetchi, a très vite déclenché une enquête interne pour évaluer la légalité de la cagnotte et pour déterminer si cette initiative de vos proches était « conforme aux valeurs mutualistes du groupe ». La journaliste Aude Lancelin a aussitôt commenté, sur Twitter : « Qui est le parrain en affaires de la fondatrice de Leetchi ? Xavier Niel, actionnaire majoritaire du *Monde*, et proche entre les proches d'Emmanuel Macron. La gentille *Start up nation* se serre les coudes contre les méchants Gilets jaunes. »

Ainsi, le 20 janvier, vingt-cinq artistes ont réalisé, rue d'Aubervilliers, dans le XIXe arrondissement de Paris, une fresque géante sur les thèmes associés du mouvement des Gilets jaunes, des violences policières et de votre combat, à l'initiative de l'artiste Lask et d'Itvan K., graffeur (collectif Black Lines). L'œuvre collective, qui s'étend sur plus de 300 mètres, est titrée

Hiver jaune. Itvan K. explique : « C'est une sorte de mythologie, avec tous ses personnages emblématiques. On retrouve des policiers et des manifestants anonymes, des caricatures d'Emmanuel Macron et du Premier ministre, une Marianne cassée et le boxeur Christophe Dettinger. »

Quant à Skalper, auteur de l'une des représentations du « boxeur de Massy », lui-même ancien boxeur, il assume : « J'ai choisi de représenter Christophe et de lui rendre hommage, car son histoire et ses mésaventures avec les forces l'ordre m'ont touché. La boxe est un sport d'humilité et de respect, ceux qui en doutent se trompent, ou n'y connaissent rien. Un vrai boxeur ne se bat pas dans la rue sans y avoir été contraint. Il y a bien plus d'humanité, d'élégance et de respect dans ce sport que chez les gens qui ont forcé Christophe à mal agir et à être incarcéré.[1] »

Ainsi, sur la page Facebook « Soutien à la famille Dettinger », suivie par 20 338 personnes (le 20 mars 2019), il est possible de lire une multitude de témoignages d'amitié et d'encouragements, postés majoritairement par des femmes. Dans l'imminence de votre procès, voici les messages de Sonia : « Toutes mes plus fortes pensées vont vers vous (trois cœurs) » ; d'Amoré Mimie : « Courage à vous pour demain. Vraiment on croise les doigts. Une grosse pensée à Karine et à ses enfants. Je vous envoie tout mon courage. Gros courage à #ChristopheDettinger (des poings levés) » ; de

1. Recueillis par Marie de Fournas, *20 Minutes*, 23 janvier 2019.

Dominique : « Mes chaleureuses pensées vous accompagneront toute la journée » ; de Lisa : « Sa photo est sur ma photo de “profil”, depuis le premier jour de son incarcération » ; de Matthias : « Ce serait un scandale qu’il soit “condamné pour l’exemple”. Je serai par la pensée avec lui et la famille, car vous êtes des gens bien… »

« Vous êtes des gens bien… »

Ainsi, lors des « actes » des Gilets jaunes, chaque samedi depuis le 12 janvier, ces slogans sont criés et chantés par des milliers de manifestants : « Christophe à la maison, Castaner (ou Benalla) en prison ! » ; « Libérez Christophe ! »

Le samedi 2 février, lors de la marche blanche pour les « gueules cassées » (acte XII des Gilets jaunes), à Paris, entre la place Félix-Éboué et celle de la République, en passant par Bastille, j’ai observé un nombre impressionnant de dessins, peintures, pancartes et bannières où votre nom, Christophe, était inscrit. Pour toutes et tous, dans cette manifestation massive, digne et fraternelle, vous êtes, sans discussion, « un homme bien », chevaleresque, doté d’un grand cœur de boxeur.

Sur un trottoir de l’avenue Daumesnil, une femme, la quarantaine, et sa fille, la vingtaine, se tenaient serrées l’une contre l’autre. Sur leurs tee-shirts blancs, elles m’ont donné à voir le portrait du Gilet jaune charismatique Jérôme Rodrigues, éborgné la semaine précédente, le 26 janvier, par un tir à bout portant – et peut-être prémédité – de balle de défense (LBD 40), place de la Bastille. Mais j'ai lu aussi ces mots : « Force et honneur ». À ma question sur le sens de cette devise, la plus jeune m'a répondu qu'elle la portait sur elle « en hommage à Christophe Dettinger », et qu'elle a pour origine un cri de ralliement de Maximus, dans *Gladiator*, le célèbre film de Ridley Scott (juin 2000, cinq oscars). « Maximus, vous savez, ce général romain qui est devenu esclave, puis gladiateur, et qui défia l'empereur... C'est Spartacus ! », m'expliqua-t-elle, pensivement. Vous m'avez confirmé, Christophe, que cette référence historique est bien la vôtre, depuis la fin de votre carrière de boxeur.

Spartacus !

Cet esclave et gladiateur d'origine thrace mena des dizaines de milliers de révoltés (esclaves, gladiateurs, mais aussi pasteurs et paysans), lors de la troisième guerre servile, en Italie, entre 73 et 71 av. J.-C., mettant longtemps en déroute les légions romaines. J'ai en mémoire la fulgurance du *Spartacus* d'Arthur Koestler : « Bientôt ils furent cent mille, ils étaient tous frères, et ils construisaient la Cité du Soleil. Dans toute l'Italie, les esclaves rêvaient. Ils rêvaient d'une vie fondée sur la justice, ils voulaient vivre comme des hommes, mais le monde les contraignit à redevenir des loups...[1] »

Spartakus !

Le *Spartakusbund*, pacifiste et révolutionnaire, dont les fondateurs ont été arrêtés et liquidés lors

1. Arthur Koestler, *Spartacus* (1939), Paris, Calmann-Lévy, 1965 ; en Livre de Poche, 1995.

de la répression de l'insurrection de Berlin, en janvier 1919...[1] Soyez assuré, cher Christophe, que les noms des assassins de Rosa Luxemburg et de Karl Liebknecht (15 janvier 1919), tous officiers de la marine impériale et dirigés par le capitaine Waldemar Pabst, sont maudits pour l'éternité.[2]

Le vôtre, Christophe Dettinger, est déjà fameux.

SIGNES DES TEMPS

Le mercredi 30 janvier 2019, à l'hôpital Cochin, Jérôme Rodrigues déclarait : « Aujourd'hui nos enfants grandissent dans un pays violent, on parle beaucoup de violences policières, moi j'appelle ça de la violence gouvernementale, tout simplement, et cette violence gouvernementale, c'est la police qui l'applique parce qu'elle ne sert que de bouclier à des tout-puissants qui tremblent sous la pression du peuple. »

Le mercredi 13 février, jour de votre procès, vers 11 heures, il annonçait, sur son profil Facebook : « VERDICT : J'AI PERDU MON ŒIL. MACRON TU VAS LE PAYER ! JE NE TE LÂCHERAI PAS ! » Sur France Info, il confirmait très vite : « Je m'étais fait à cette idée, mais là c'est très dur. Je veux dire que le combat

---

1. Furio Jesi, *Spartakus. Symbolique de la révolte*, trad. Fabien Vallos et Antoine Dufeu, Bordeaux, éditions La Tempête, 2016.

2. Elzbieta Ettinger, *Rosa Luxemburg. Une vie*, Paris, Belfond, 1990, et John Peter Nettl, *La Vie et l'œuvre de Rosa Luxemburg*, Paris, Maspero, 1972, 2 tomes ; édition abrégée, écrite par l'auteur, sous le titre *Rosa Luxemburg*, Paris, Spartacus, 2012.

continue et qu'on ne s'arrêtera pas. Macron payera pour tout ça. »

« Violence gouvernementale… »

Au même instant, en Conseil des ministres, le président de la République, jugeant – sans rire – que « le temps de la clarification républicaine » était venu, grognait : « Les démonstrations de violence », chaque samedi, lors des manifestations des Gilets jaunes, « doivent cesser ».

Ce fut un de ces nombreux signes des temps…

CHAPITRE 3

En plein visage

> *« L'épiphanie du visage est une mutation par laquelle le visage s'exprime, résiste aux pouvoirs, perce sa forme sensible et instaure l'éthique.*
>
> *Ma responsabilité en face d'un visage me regardant comme absolument étranger constitue le fait originel de la fraternité.*
>
> *Le meurtre seul prétend à la négation totale du visage. »*
>
> Emmanuel Levinas[1]

Signes des temps…

Temps déraisonnables. Temps de montée aux extrêmes, de mensonge et de corruption ostentatoire.

Temps de violences policières et de répression aveugle des opposants.

---

1. Emmanuel Levinas, *Totalité et Infini. Essai sur l'extériorité*, La Haye, Martinus Nijhoff, 1961.

Temps d'Apocalypse, révélation autant qu'effondrement.

Âge de la grande régression, d'un Mai 68 à l'envers, de l'hégémonie droitière[1].

Règne de l'oligarchie, et haine de la démocratie qui en résulte[2]...

Dans son roman visionnaire, publié à New York en 1908 et qui inspira George Orwell, Jack London, un boxeur lui aussi[3], prophétisait: « Une révolution invisible et formidable est en train de s'accomplir dans les fibres intimes de notre société. On ne peut sentir que vaguement ces choses-là: mais elles sont dans l'air, en ce moment même. On pressent l'apparition de quelque chose de vaste et d'effrayant. Mon esprit se refuse à prévoir sous quelle forme cette menace va se cristalliser. Une ombre colossale et menaçante commence dès maintenant à se projeter sur le pays. Appelez cela l'ombre d'une oligarchie, si vous voulez...[4] »

---

1. Heinrich Geiselberger (dir.), *L'Âge de la régression*, Paris, Gallimard, coll. Folio Essais, 2018, et Bernard Stiegler, *Qu'appelle-t-on panser? Tome 1 – L'immense régression*, *op. cit.* Lire aussi Jacques Généreux, *La Grande Régression*, Paris, Seuil, 2010 (http://granderegression.fr).

2. Jacques Rancière, *La Haine de la démocratie*, Paris, La Fabrique, 2005.

3. Jack London, *Sur le ring* [deux nouvelles: « L'Enjeu » (« The Game », 1905) et « La Brute » (« The Abysmal Brute », 1911)], Paris, Phébus, coll. Libretto, 2002.

4. Jack London, *Le Talon de fer*, traduit par Philippe Mortimer, Paris, Libertalia, 2016, la meilleure édition française.

« Quelque chose de vaste et d'effrayant ; une ombre colossale et menaçante… » La menace s'est cristallisée.

Cher Christophe Dettinger, je l'ai déjà écrit[1] : désormais, nul n'est besoin d'être extralucide pour relever à quel point l'horizon de la démocratie s'est éloigné et pour comprendre combien la tyrannie des affairistes, libérée de toute régulation, nous promet une fin apocalyptique de l'Histoire.

Mais la réalisation de cet « effondrement[2] » étant plus avancée que jamais, il me faut y revenir à nouveau, une dernière fois sans doute, en orwellien entêté. « Vigilance et persévérance » est une des plus belles devises de celles et ceux qui espèrent en une Humanité meilleure et plus éclairée.

Il me faut y revenir avec la plus grande précision sur les faits, les dates et les paroles citées, car la « vérité commune » (Orwell) ou les « vérités de fait » (Arendt) l'exigent plus que jamais, en ces temps de post-vérité – mensonge et propagande – qui s'offrent si inconsciemment au totalitarisme.

ÉTAT D'EXCEPTION

En France, depuis 2007 surtout, le pouvoir politique a sans cesse consolidé la puissance opaque du renseignement et la répression des dissidences, légalisant

1. Antoine Peillon, *Résistance !*, Paris, Seuil, 2016, p. 11.

2. *Ibid.*, p. 202-208. Bernard Stiegler, *Qu'appelle-t-on panser ?*, *op. cit.*, Jacques Rancière, *La Haine de la démocratie*, Paris, La Fabrique, 2005.

les atteintes aux libertés fondamentales, plaçant certaines polices hors de tout contrôle judiciaire véritable, sous le prétexte de la lutte contre le terrorisme. Dans le même temps, l'État s'est totalement abstenu de réprimer sérieusement l'évasion fiscale et la corruption, s'attaquant par contre au droit à l'information, sans lequel République et démocratie sont une pure mascarade[1].

C'est ici que la lecture de Giorgio Agamben apporte une analyse décisive sur cette politique perverse. Ce que le philosophe italien appelle l'« état d'exception » déborde largement les pleins pouvoirs dictatoriaux que s'accordent les exécutifs occidentaux dans leur prétendue lutte contre le terrorisme. Au-delà de la dictature, certes incontestable, mais qui relève encore du droit, se met en place une tyrannie qui est « un vide et un arrêt du droit » et même une « zone d'anomie »[2].

Dans l'« état d'exception », dictature et tyrannie sont fusionnées. Le propos d'Agamben est parfaitement limpide : « L'état d'exception, que nous avons coutume d'envisager comme une mesure toute provisoire et extraordinaire, est en train de devenir sous nos yeux un paradigme normal de gouvernement, qui détermine toujours davantage la politique des États

1. Antoine Peillon, *Résistance !, op. cit.*, p. 125-163, chapitre « La dictature ».

2. Giorgio Agamben, *État d'exception. Homo sacer, II, 1*, Paris, Seuil, 2003. Au sujet de l'anomie comme négation morbide de la loi et de toute règle commune, voir Antoine Peillon, *Corruption*, Paris, Seuil, 2014, p. 197-202.

modernes. Il faut bien voir en effet que, lorsque l'état d'exception devient la règle, les équilibres fragiles qui définissent les Constitutions démocratiques ne peuvent plus fonctionner, la différence même entre démocratie et absolutisme tend à s'estomper.[1] »

« UN ABATTAGE EN RÈGLE »

L'éborgnement de Jérôme Rodrigues, 40 ans, plombier de profession et « figure » charismatique des Gilets jaunes en Île-de-France, fut un symbole des conséquences sanglantes de la stratégie de la tension orchestrée par l'État français, depuis le commencement du mouvement des Gilets jaunes, le 17 novembre 2018. Et son traitement médiatique par le gouvernement fut parfaitement symptomatique du mensonge constant des « autorités » publiques sous le règne d'Emmanuel Macron. Le tout révèle l'institution achevée d'un état d'exception permanent, banalisé, où justice et vérité sont écrasées.

L'événement s'est déroulé place de la Bastille, à Paris, le samedi 26 janvier, vers 16 h 45, lors de l'acte XI des Gilets jaunes. Il a été filmé et diffusé en direct sur Facebook par Jérôme Rodrigues lui-même et par d'autres manifestants. On voit, sur ces images surréalistes, ce manifestant pacifique tomber subitement à terre. La vidéo dure une dizaine de minutes et l'on

1. Giorgio Agamben, *État d'exception. Homo sacer, II, 1*, *op. cit.*, présentation.

y entend le blessé parler à ses amis et à des « street medics » (secouristes bénévoles). Dans l'heure qui suit, secouru par les pompiers de Paris, l'homme au chapeau noir publie une photo de son visage ensanglanté, dont l'œil droit n'est plus visible, disparu sous une paupière boursouflée par un hématome déjà violet.

« Ils m'ont déglingué », écrit-il en légende de son autoportrait.

Le lendemain matin, dimanche 27 janvier, depuis l'hôpital Cochin où il est soigné, Jérôme Rodrigues affirme avoir été « visé délibérément » par les forces de l'ordre. « J'ai été attaqué deux fois. Une fois par une grenade et, ensuite, je me prends l'impact du LBD (lanceur de balles de défense). Je pense qu'ils savaient très bien sur qui ils tiraient », précise-t-il. Dénonçant « un abattage en règle » de la part de la police, le Gilet jaune donne son propre récit de l'agression : « À l'origine, je suis arrivé sur la place de la Bastille pour essayer de faire en sorte que les Gilets jaunes s'en aillent, qu'ils puissent quitter la Bastille à la suite des attaques des black blocs envers la police et des charges des policiers. Moi, je suis un hyperpacifiste, je veux que personne ne se fasse mal, je suis allé chercher les "petits Jaunes" pour qu'ils puissent sortir de cet enfer. »

Ce même dimanche matin, l'avocat de Jérôme Rodrigues, maître Philippe de Veulle, assure avoir des preuves que son client a été blessé par un tir de balle de défense (LBD 40) : « J'ai des éléments matériels. Une jeune femme a vu les événements, elle a vu les forces de l'ordre avancer et tirer au Flash-Ball sur Jérôme. » Il dénonce aussi le fait que les forces de l'ordre ne portaient pas de caméras-piétons, comme annoncé pourtant par le ministre de l'Intérieur, quelques jours auparavant, et qu'elles n'avaient pas fait de sommations avant de tirer.

Le 1er février, alors que le Conseil d'État rejette les demandes de suspension de l'usage des LBD dans les prochaines manifestations des Gilets jaunes présentées par la CGT et par la Ligue des droits de l'homme, Jérôme Rodrigues commente : « Des gens sont mutilés, on devient des gueules cassées, alors qu'on demande un bout de pain. On vient juste revendiquer, dans la patrie des droits de l'homme, et on reçoit des "bastos" ! Il y aura d'autres blessés, d'autres vies brisées, c'est irresponsable. »

ÉCLATEMENT DU GLOBE OCULAIRE

La blessure de cette « figure des Gilets jaunes » a beaucoup inquiété le ministre de l'Intérieur, Christophe Castaner, et son secrétaire d'État chargé de la sécurité, Laurent Nuñez. La Préfecture de police a saisi l'Inspection générale de la police nationale (IGPN). Mais, alors que l'enquête était à peine ouverte, Laurent Nuñez affirmait catégoriquement qu'il n'y avait pas eu de tirs de LBD au moment précis de la manifestation où Jérôme Rodrigues a été blessé. Tout au long du week-end des 26 et 27 janvier, des éléments de langage sont distribués à la presse par la communication du ministère de l'Intérieur, reprenant la dénégation du secrétaire d'État.

Malgré ça, Jérôme Rodrigues assure sans cesse avoir « subi deux attaques » avant de s'effondrer au sol, place de la Bastille : « Une grenade, en bas des pieds, qui m'étourdit et, trois secondes après, l'impact de la LBD 40 qui m'arrive à l'œil. Je tiens à préciser qu'une grenade, ça déchiquette. Je n'ai pas l'œil en lambeaux ; j'ai un impact de balle sur l'œil. L'IGPN m'a confirmé que, sur les vidéos qui ont été vues, il y a bien le "boom" de la grenade et le "poc", qui suit derrière, du tir de LBD. »

Il a fallu attendre le 30 janvier pour que le témoignage d'un gardien de la paix de la compagnie de sécurisation et d'intervention (CSI) des Hauts-de-Seine, placé sous les ordres du directeur de la sécurité de proximité de l'agglomération parisienne (DSPAP), reconnaisse devant les enquêteurs de l'IGPN avoir effectué un tir de balle de défense au moment où le manifestant a été grièvement blessé, niant cependant avoir visé et touché Jérôme Rodrigues... De même, plusieurs vidéos circulent alors sur les réseaux sociaux, qui montrent l'usage indéniable de l'arme.

De toute façon, les dénégations et tentatives de dissimulation de Christophe Castaner et de Laurent Nuñez sont pathétiques, au regard du rapport médical établi, le 28 janvier, par le professeur Jean-Louis Bourges, responsable des urgences d'ophtalmologie à l'hôpital Cochin. Ce document, révélé par

L'Humanité, indique, en effet, que « les présentes observations apparaissent compatibles avec un traumatisme principalement contusif ayant entraîné une rupture pressionnelle simultanée du globe oculaire droit et de la paupière supérieure droite ». Ce qui permet de supposer que c'est bien l'impact d'une balle de défense qui est la cause de la perte de l'œil de Jérôme Rodrigues, selon un médecin hospitalier interrogé par le quotidien.

C'est bien l'impact d'une balle de défense qui est la cause de la perte de l'œil de Jérôme Rodrigues...

La description de la blessure ne recense pas moins de huit lésions sévères : un « affaissement du globe oculaire droit », une « luxation postérieure cristallinienne totale », une « plaie de cornée », etc. À propos de la plaie de la paupière droite, le certificat médical permet à un médecin hospitalier d'estimer que « le traumatisme étant très violent, avec éclatement du globe oculaire et des lésions osseuses, cela a pu éclater la paupière, qui est un tissu fin ».

Cependant, le ministère de l'Intérieur a continué de nier, contre toute évidence, la responsabilité d'un tir de LBD 40 dans l'infâme blessure de Jérôme Rodrigues. Leur version « officielle » a tourné en boucle sur les ondes : le Gilet jaune a été touché par une grenade de désencerclement. Or celle-ci ne peut provoquer des lésions que par la projection de ses débris et le certificat médical établi à l'hôpital Cochin relève qu'« aucun corps étranger n'a été observé » dans l'œil du blessé.

Mercredi 13 février, Jérôme Rodrigues a annoncé sur son compte Facebook, où il est suivi par près de 70 000 personnes, qu'il avait définitivement perdu son œil droit. Il précisait : « Je viens de sortir de ma consultation chez le médecin et on m'a dit que je ne verrai plus, c'est fini. Il n'y a plus rien à faire. » Souhaitant garder tout de même son œil désormais aveugle, si possible, il commentait aussi, avec émotion : « Ce n'est pas que j'ai une obsession pour la beauté, mais c'est quand même mon physique. Ce que je vois tous les matins en me regardant dans le miroir. »

Une information judiciaire pour « violences volontaires par personne dépositaire de l'autorité publique avec arme » a été ouverte et des juges d'instruction du tribunal de Paris poursuivent donc les investigations incertaines commencées par l'IGPN.

ARMES DE GUERRE

« Ils m'ont déglingué », écrivait Jérôme Rodrigues, en légende de son autoportrait pris dans l'ambulance des pompiers qui l'amenaient à l'hôpital Cochin (Paris).

« Ils… »

Un pluriel pertinent qui vise, au-delà du gardien de la paix de la compagnie de sécurisation et d'intervention (CSI) des Hauts-de-Seine qui a peut-être ciblé à bout portant le visage du manifestant pacifique, les responsables de son éborgnement : le préfet de police de Paris, Michel Delpuech, le secrétaire d'État Laurent

Nuñez et son patron, le ministre de l'Intérieur, Christophe Castaner, le Premier ministre, Édouard Philippe, et le président Emmanuel Macron.

Car ce sont bien les donneurs d'ordre autant que les exécutants qui sont responsables de ce déchaînement de violences policières.

Ce sont eux qui ont immanquablement laissé les forces de répression, principalement les brigades anticriminalité (BAC) et brigades républicaines d'intervention (BRI) agissant en civil et masquées, tirer avec des balles en caoutchouc semi-rigide, dites « de défense », extrêmement dangereuses, indistinctement sur les corps et sur les visages des manifestants, pour la plupart inoffensifs.

J'en veux pour preuve cette vidéo diffusée le mardi 15 janvier sur les réseaux sociaux, qui montre des policiers affirmer que les tirs de Flash-Ball à la tête sont autorisés. Ces paroles sont prononcées alors que des manifestants discutent avec des policiers des violences et des blessures occasionnées lors des récentes manifestations. On entend clairement un homme s'adresser ainsi à l'un des fonctionnaires : « Votre collègue me dit que vous avez le droit de tirer dans la tête. » Ce à quoi le policier répond : « Avec le Flash-Ball ? Bien sûr ! » Selon les auteurs de la vidéo, la hiérarchie des policiers est intervenue très vite pour mettre fin à l'échange.

Les « balles de défense » sont les projectiles de 40 millimètres de diamètre tirées par les LBD 40, de fabrication suisse (Brügger & Thomet), qualifiés d'« armes de force intermédiaire », « à létalité réduite » ou encore « sublétales », terriblement puissants et précis. Pour mémoire, « létal » signifie « mortel » et même « meurtrier », puisqu'il est issu du latin *letalis*, meurtrier, et du substantif *letum*, mort violente. Le LDB 40 a en réalité une portée potentielle de 50 mètres, puisqu'il dispose d'un canon rayé, pour guider précisément son projectile, et d'un viseur, dit « désignateur d'objectif électronique » qui accroît d'autant sa précision de tir. Il est classé dans les armes de première catégorie, c'est-à-dire parmi les « armes de guerre »[1].

Le code de déontologie de la police nationale et de la gendarmerie nationale veut que l'usage du LBD soit très encadré. Et, selon une instruction du ministère de l'Intérieur, datée de septembre 2014, le tireur doit viser « de façon privilégiée le torse ainsi que les membres supérieurs ou inférieurs », mais « la tête n'est pas visée ». Chaque tir doit faire, de plus, l'objet d'un rapport détaillé. En réalité, depuis novembre 2018, les tireurs de balles de défense ont pris pour cible les visages des manifestants et ont été ouvertement exonérés de tout contrôle par leurs hiérarchies.

Les balles dites « de défense » sont pourtant tellement dangereuses que le préfet de police de Paris, Michel Delpuech, avait annoncé, en décembre 2017, dans un courrier au Défenseur des droits, « avoir pris

---

1. Un article de *The Conversation* fait le point sur l'histoire sécuritaire et militaire de cette arme : https://theconversation.com/les-armes-non-letales-sont-elles-letales-et-vice-versa-111098.

la décision d'interdire l'usage du LBD 40 dans les opérations de maintien de l'ordre, au regard de sa dangerosité et de son caractère inadapté dans ce contexte».

Le fabricant suisse du LBD 40, affirmant que cette arme «bien utilisée» ne cause «pas de blessures graves», a accusé le gouvernement français d'en faire une «mauvaise utilisation»[1].

Fin décembre 2018, le ministère de l'Intérieur avait déjà passé une nouvelle commande de 1280 LBD 40...

Pis encore, le gouvernement s'est montré prêt, dès le samedi 12 janvier, à aller beaucoup plus loin dans la répression – cette fois-ci «létale» – du mouvement social des Gilets jaunes. Ce jour-là, des vidéos postées par les Gilets jaunes sur les réseaux sociaux montrent des policiers (CRS) équipés du fusil d'assaut HK G36, progressant sur les avenues qui convergent vers la place de l'Étoile, à Paris. Il s'agit d'une arme de guerre, de fabrication allemande, équipant plusieurs unités de la police nationale depuis les attentats de 2015.

Interrogée par *Libération*, la Préfecture de police se justifiait de façon attendue: «Dans un contexte de menace terroriste toujours très élevée, les services de police ne sauraient ignorer ce risque en portant un équipement inadapté.» Mensonge! Car, en réalité, selon un télégramme adressé, le 10 janvier, à toutes les directions régionales des CRS, par leur directeur

1. «Gilets Jaunes: le fabricant du LBD 40 accuse le gouvernement et le ministère de l'Intérieur!», dans *Décider & entreprendre*, 28 janvier 2019.

central, Philippe Klayman, un document révélé par *Mediapart*, cet armement de guerre a été déployé « compte tenu du contexte des violences constatées à l'encontre des forces de l'ordre, à l'occasion des dernières manifestations de Gilets jaunes sur le territoire national ».

LA NÉGATION TOTALE DU VISAGE

« Ils m'ont déglingué... »

Certains, bien informés, se sont interrogés : quelle a été la responsabilité du préfet de police de Paris, Michel Delpuech, du secrétaire d'État Laurent Nuñez et de son patron, le ministre de l'Intérieur, Christophe Castaner, du Premier ministre, Édouard Philippe, et du président Emmanuel Macron dans le « déglinguage » de Jérôme Rodrigues, qui a été éborgné par une balle de défense tirée à bout portant par le LBD 40 d'un « gardien de la paix » ?

Le bilan de cette mise en condition politique des forces de l'ordre, police et gendarmerie, par des déclarations de « couverture » de toutes les bavures, constamment répétées par le ministre de l'Intérieur, Christophe Castaner, et par son secrétaire d'État, Laurent Nuñez, est effroyable.

Selon le dernier décompte des blessures graves recensées, au jour le jour, jusqu'au 20 mars 2019, par le journaliste indépendant David Dufresne, sur son fil Twitter (@davduf), 22 personnes ont été éborgnées lors des manifestations des Gilets jaunes, depuis novembre 2018. De même, le journaliste a vérifié les « signalements » d'un décès, de 5 mains arrachées et de 222 blessures « à la tête », nombre à comparer aux 76 blessures aux membres inférieurs, 46 aux membres supérieurs, 18 au dos, 13 à la main (mains non arrachées) et 4 aux parties génitales, dont il publie les détails sur sa page Internet hébergée par *Mediapart*, « Allô place Beauvau ? »[1].

Blessures à la tête, visages « déglingués », éborgnements… représentent 244 des 547 signalements effectués, jusqu'alors, par David Dufresne !

La répression de la révolte sociale des Gilets jaunes, d'une violence inédite depuis Mai 68, menée par le président Macron et son gouvernement, vise les femmes et les hommes de notre pays, les enfants aussi (37 mineurs, dont des lycéens, grièvement blessés), au visage.

Au visage…

Elle s'attaque, par-là, à l'une des incarnations les plus sacrées de la dignité humaine, de l'humanité des personnes, de l'humanité tout court.

Tout le monde sait ça et respecte le tabou de l'atteinte au visage, sauf les meurtriers.

Nul ne l'a mieux écrit qu'Emmanuel Levinas, dans son plus grand livre, *Totalité et Infini* (1961), qui a révolutionné toute la pensée contemporaine en

---

1. www.mediapart.fr/studio/panoramique/allo-place-beauvau-cest-pour-un-bilan. Le 14 mars 2019, le grand prix du jury des Assises internationales du journalisme de Tours a été décerné à David Dufresne pour saluer ce travail.

établissant « l'éthique comme philosophie première » : « L'épiphanie du visage est une mutation par laquelle le visage s'exprime, résiste aux pouvoirs, perce sa forme sensible et instaure l'éthique. Dans le langage comme présence du visage, le tiers me commande comme un maître : toute l'humanité me regarde et crie justice, me rappelle à mes obligations et me juge. Ma responsabilité en face d'un visage me regardant comme absolument étranger constitue le fait originel de la fraternité. Le meurtre seul prétend à la négation totale du visage.[1] »

Le meurtre seul prétend à la négation totale du visage…

Depuis novembre 2018, combien de visages ont-ils fait l'objet d'une tentative de « négation totale » par les violences policières déchaînées ? « Déchaînée », oui, parce que le mot vient du médiéval *deschaener* (XIIe siècle) qui voulait dire « délivrer des chaînes ». Combien de vies déglinguées ?

Des centaines…

Florilège de quelques cas, récoltés dans la presse, sur le fil Twitter de David Dufresne et sur le site du collectif « Désarmons-les » (desarmons.net) :

---

1. Emmanuel Levinas, *Totalité et Infini. Essai sur l'extériorité, op. cit.* ; en Livre de Poche, coll. Biblio Essais, 1990, p. 203 et suivantes. Une belle lecture : Emmanuel Housset, « L'évidence du visage et le sens social des valeurs », dans Danielle Cohen-Levinas et Alexander Schnell (éd.), *Relire* Totalité et infini *d'Emmanuel Levinas*, Paris, Vrin, 2015, p. 73 à 94.

Le 17 novembre 2018, à Quimper (Finistère) : un jeune homme est victime d'un tir de lanceur de balles de défense en plein visage.

Le 23 novembre 2018, à La Réunion : Jacky, 58 ans, quartier Bel Air, tir de LBD 40, œil perdu. Plainte classée sans suite.

Le 24 novembre, à Paris : alors qu'il cherchait sa femme sur les Champs-Élysées, Jérôme reçoit un projectile dans l'œil gauche, qui est perdu.

Le 30 novembre, à Paris : tir de LBD 40. Élie, 27 ans. Mâchoire fracturée, opération, pose de plaque avec deux vis. Une dent en moins et quelques-unes qui se déchaussent. 15 points de suture.

Le 30 novembre, au Puy-en-Velay (Haute-Loire) : tir de LBD 40. Éborgnement. Œil définitivement perdu.

Le 1er décembre, à Marseille, Zineb Redouane, 80 ans, est tuée en conséquence du tir d'une grenade lacrymogène reçue en plein visage, alors qu'elle fermait les volets de son appartement. Une information judiciaire sur ce crime est en cours. L'enquête est menée par un juge d'instruction, afin de déterminer les causes de la mort de l'octogénaire.

Le 1er décembre, à Paris : tir de LBD. Christopher, 28 ans. Triple fracture. Opéré le 3 décembre : joue, menton, nez. Cerclage et plaque pour réparer la mâchoire.

Le 1er décembre, à Paris : après avoir appelé sa mère pour la rassurer, Franck reçoit un tir de balle de défense en plein œil. « Malgré plusieurs opérations et la pose de plaques sur mon malaire et l'orbite broyée, laissant une immense cicatrice sur mon crâne, mon œil droit n'a pu être sauvé», raconte le jeune homme de 20 ans, venu de Haute-Marne.

Le 1er décembre, à Toulouse: gravement touché à l'oreille et au nez, près de la gare Matabiau, par un tir de LBD 40, Benoît, 28 ans, a été hospitalisé et placé en coma artificiel jusqu'au 21 décembre.

Le 7 décembre, à Paris: tir de LBD 40. Journaliste. Décollement de la membrane cérébrale, hématome extradural et fracture non déplacée du crâne. Un mois d'ITT.

Le 7 décembre, à Paris, Patrice, 49 ans, une grenade (assourdissante) reçue sur le côté gauche et un tir de LBD 40 quasi simultané dans l'œil droit. Visé à moins de 10 mètres de distance. Cécité définitive.

Le 8 décembre, à Paris, Fiorina, 20 ans, est venue de Picardie manifester avec son petit ami. Il est 14 heures quand la manifestation commence déjà à dégénérer. Elle demande alors à Maxime, son compagnon, de partir. Mais toutes les rues sont bloquées par des barrages de police et il est devenu impossible de quitter l'avenue des Champs-Élysées. Les CRS et des policiers en civils (BAC et BRI) se mettent à tirer avec des LBD 40. Fiorina s'effondre. Elle vient de recevoir un projectile en pleine tête. Malgré l'intervention rapide d'un street medic et son évacuation vers les urgences ophtalmologiques de l'hôpital Cochin, Fiorina perd son œil gauche, définitivement.

Le 8 décembre, à Paris: Antoine Coste est victime d'un tir de lanceur de balles de défense en pleine tête.

Ce graphiste de 26 ans indique avoir perdu l'usage de son œil gauche. Il était venu « en spectateur » à la manifestation[1].

Le 8 décembre, à Paris : sur les Champs-Élysées, le photographe Nicolas Descottes, en reportage pour *Libération*, reçoit un tir de LBD 40 en plein visage, malgré le port de son casque avec le sticker « Presse ».

Le 28 décembre, à Montpellier (Hérault) : tir de LBD 40 dans la tête. Graves traumatismes psychologiques, douleurs crâniennes fulgurantes, pertes de mémoires, troubles du sommeil.

Le 5 janvier 2019, à Paris : l'artiste-photographe Vitalia a publié sur Twitter des photos de son visage blessé à la joue et le compte rendu de son examen médical. Elle dit avoir été victime d'un tir de lanceur de balles de défense (LBD) dans la figure. L'examen a révélé les lésions suivantes : foyers de fracture du sinus maxillaire droit, fracture zygomatique droite, fracture osseuse non déplacée du plancher orbitaire.

Le 11 janvier 2019, à Bordeaux : tir de LBD 40. Benjamin, 23 ans. Six heures au bloc. Perte de l'usage de l'œil droit, plusieurs fractures.

Le 11 janvier, à Nîmes (Gard) : tir de LBD 40. Sébastien. Fractures mâchoire, trois dents du haut arrachées, dents du bas déplacées.

---

1. « Éborgné il y a deux mois, Antoine Coste veut "témoigner pour ceux qui n'en ont pas la force". Venu en spectateur à la manifestation des Gilets jaunes du 8 décembre à Paris, le jeune graphiste de 26 ans a perdu l'usage de son œil gauche », par Simon Auffret, *Le Monde*, 31 janvier 2019.

Le 11 janvier, à Nîmes : tir de LBD 40 dans la tête. Troubles de la vision et de l'audition, plaie occipitale confuse d'environ 7 centimètres.

Le 11 janvier, à Montpellier : Virgile, œdème palpébral de l'œil droit, plaie de 6 centimètres sous le globe oculaire droit, fracture du nez.

Le 12 janvier, à Saint-Étienne (Loire) : tir de LBD 40. Jeune fille de 14 ans. Œil perdu. Éborgnement.

Le 19 janvier, à Angers (Maine-et-Loire) : tir de LBD 40. Entaille de 6 centimètres, trauma crânien. Plus d'audition côté gauche.

Le 8 février, à Toulouse (Haute-Garonne) : manifestante touchée à la tempe par tir de LBD 40. Usage prohibé de l'arme.

Le 16 février, à Paris : Yannick, 35 ans, tir de LBD 40, lèvre supérieure fendue, dents cassées.

Le 19 février, lors du blocage de la raffinerie de Donges (Loire-Atlantique) : deux personnes blessées au niveau de la tête par des palets de lacrymos tirés en tir tendu.

Le 23 février, à Paris : coup de pied à la tête sur homme à terre et maîtrisé.

Le 2 mars, à Nantes : œil touché par un tir de LBD 40.

Le 16 mars, vers 16 heures, à Paris, sur les Champs-Élysées : David, 39 ans, éborgné par un tir de LBD 40. Œil perdu…

Et ainsi de suite, nous sommes témoins de cette forfaiture d'État qui prétend à la négation totale du *visage* des Gilets jaunes.

Fabien Jobard est directeur de recherches au CNRS, au sein du Centre de recherches sociologiques sur le droit et les institutions pénales (Cesdip). Il est également chercheur au Centre Marc-Bloch à Berlin. Dans un entretien publié le 20 décembre par le quotidien *Le Monde*, il affirmait : « Le bilan [de blessés graves parmi les manifestants] dépasse tout ce que l'on a pu connaître en métropole depuis Mai 68, lorsque le niveau de violence et l'armement des manifestants étaient autrement plus élevés, et le niveau de protection des policiers, au regard de ce qu'il est aujourd'hui, tout simplement ridicule. »

Il confirmait aussi que le chef de l'État et le gouvernement sont bien les premiers responsables de ce sinistre bilan : « En maintien de l'ordre, c'est le donneur d'ordres qui est en première ligne, c'est-à-dire le politique. Du reste, le gouvernement ne s'est pas privé de faire savoir qu'il était aux commandes, à grand renfort de présence télévisuelle en salle de commandement. Une telle immixtion du politique dans la conduite des forces policières est, il faut le noter, une particularité française. »

Le 2 février, à Paris, j'ai participé à la marche blanche des gueules cassées (acte XII des Gilets jaunes), depuis la place Félix-Éboué jusqu'à celle de la République, en passant par la Bastille. Sur les banderoles, pancartes, tee-shirts peints, j'ai lu et photographié ces slogans :

« Que fait la police ? Ça crève les yeux » ;

« Macron dégaze ! » ;

« Ce qui nous met en colère ? Le mensonge, l'injustice... et les violences » ;

« Unis et dignes face à l'oppression » ;

« Nous sommes sans armes, vous êtes sans âme » ;

« Violences aveugles ? Blessures de guerre définitives ! » ;

« Castaner coupable : démission + comparution » ;

« Arrêtez le massacre ! » ;

« Liberté Égalité Flash-Ball » ;

« Christophe Castaner : "Allez tous vous faire énucléer !" »...

De grands portraits photographiques de Fiorina, l'étudiante de 20 ans éborgnée le 8 décembre à Paris, sur les Champs-Élysées, étaient brandis par de nombreuses personnes, femmes et hommes de tous âges.

L'émotion était très vive, digne et fraternelle.

Le 6 février, 35 ophtalmologistes de renom (dont des professeurs à l'Université) avaient fait parvenir au chef de l'État une lettre dans laquelle ils demandent un "moratoire" sur l'utilisation des fameux lanceurs de balles de défense (LBD), ayant causé de très nombreuses blessures oculaires en marge de la mobilisation des Gilets jaunes.

Le dimanche 10 mars, faute de réponse présidentielle, ils ont rendu public ce courrier[1].

« Monsieur le président de la République, le nombre inédit de contusions oculaires graves par lanceurs de balles de défense conduisant à la perte de la vision a

1. *Le Journal du dimanche*, 10 mars 2019, p. 16.

légitimement ému un grand nombre de citoyens et d'associations, et nous concerne particulièrement en tant qu'ophtalmologistes. Ces contusions entraînent des lésions souvent au-dessus de toute ressource thérapeutique. [...] Les blessures oculaires survenues ces dernières semaines ne sont pas dues au hasard ou à l'inexpérience. »

Selon ces médecins, « le grand nombre de balles tirées avec une force cinétique conservée à longue distance et l'imprécision inhérente à cette arme devaient nécessairement entraîner un grand nombre de mutilations ». Les ophtalmologistes soulignaient qu'une « telle "épidémie" de blessures oculaires gravissimes ne s'est jamais rencontrée » et demandaient « instamment un moratoire dans l'utilisation de ces armes invalidantes au cours des actions de maintien de l'ordre ».

« Notre démarche est uniquement celle de médecins, purement humaniste, avec pour seul but d'éviter d'autres mutilations », tenaient-ils à préciser.

« On a vu des personnes atteintes de lésions oculaires ou faciales très graves. La plupart donnent lieu à des séquelles irréversibles », expliquait aussi le professeur Bahram Bodaghi, chef du service d'ophtalmologie à l'hôpital de la Pitié-Salpêtrière, à Paris, avant de raconter : « On a demandé par mail à tous nos collègues hospitaliers de faire remonter, en prenant 2014 comme année de départ, les cas de lésion, avec le plus de détails possibles. Sans surprise, l'essentiel des accidents concerne la période récente et, dans la majorité des cas, ce sont des lésions irréversibles. »

Mi-mars 2019, quelque 13 460 tirs de lanceurs de balles de défense (LBD) étaient enregistrés depuis le début du mouvement des Gilets jaunes, en novembre 2018, par le ministère de l'Intérieur…

L'ACIDE DU MENSONGE D'ÉTAT

Avez-vous vu, cher Christophe Dettinger, cette scène infâme du ministre de l'Intérieur faisant la leçon à des enfants de huit ans, dans une classe d'école primaire, afin de leur expliquer le tir de balles dites « de défense » ? M. Castaner y montre comment il faut tirer avec un LBD 40, en pointant des parties du corps humain sur un tableau noir et en commentant sur un ton bonhomme : « Ils [les policiers ou les gendarmes] peuvent tirer sur les bras, ils peuvent tirer, mais je ne suis pas tout à fait sûr, sur cette partie-là [il montre l'abdomen] et sur les membres inférieurs. Ils doivent absolument éviter la tête. Et quand il y a des accidents, et il y en a eu, on a une police qui surveille la police, et donc on enregistre toutes les plaintes, et on a eu une dizaine de tirs où, par accident, on a eu des tirs sur le visage… »

La séquence a été tournée pour l'émission « Au Tableau ! », produite par la journaliste Mélissa Theuriau, et diffusée le 20 février sur les ondes de la chaîne de télévision C8 (groupe Canal+). Elle a heureusement suscité un flot d'indignations.

Outre son aspect déplacé, face à un si jeune public, l'épisode est, pour le ministre de l'Intérieur, l'occasion de proférer une nouvelle fois un mensonge flagrant et massif: «On a eu une dizaine de tirs où, par accident, on a eu des tirs sur le visage…» Or, à l'époque du tournage, vers le 10 février au plus tôt, le collectif «Désarmons-les» publiait les noms et les portraits de 19 personnes éborgnées par les forces de l'ordre depuis le 17 novembre 2018.

Les faits sont têtus et les chiffres significatifs. Entre 1999 et le 17 novembre 2018, soit pendant environ vingt ans, le collectif «Désarmons-les» a recensé 53 blessés graves, dont un grand nombre en-dehors de manifestations. Du 17 novembre 2018 jusqu'au 15 janvier 2019, le compte était déjà monté à 97 blessés graves, quasiment tous en manifestations.

En deux mois seulement, les forces de répression d'Emmanuel Macron ont fait près du double de blessés graves que ne l'avaient fait les forces de l'ordre sous les présidences de Jacques Chirac, Nicolas Sarkozy et François Hollande.

La falsification des faits est bien une manière de la Maison Macron, Philippe & Castaner. Le journaliste David Dufresne parle même, à ce sujet, de «mensonge d'État», observant aussi «que les forces de l'ordre visent de plus en plus les journalistes, empêchent les secouristes volontaires d'agir, et cassent volontiers des téléphones portables de personnes qui filment, comme dans une volonté d'empêcher toute documentation des événements»[1].

1. «Violences policières: "On est dans le mensonge d'État"», propos recueillis par Jeanne Cavelier, *Le Monde* daté du 16 janvier 2019.

Propagande et censure : c'est le couple antivérité des dictatures.

Ainsi, en déplacement à Carcassonne (Aude), le 15 janvier, le ministre de l'Intérieur affirmait, sans sourciller : « Moi, je ne connais aucun policier, aucun gendarme, qui ait attaqué des Gilets jaunes. Par contre, je connais des policiers et des gendarmes qui utilisent des moyens de défense, de défense de la République, de l'ordre public. » Le même jour, *Libération* recensait 94 blessés graves, dont 69 par des tirs de LBD dans la grande majorité des cas à la tête, et au moins 14 personnes éborgnées... Tous avaient-ils agressé dangereusement les « forces de l'ordre » ?

Une semaine plus tard, le 22 janvier, Christophe Castaner soutenait, devant des députés, que quatre personnes seulement avaient été gravement blessées à l'œil à la suite d'interventions policières, depuis le début du mouvement des Gilets jaunes ! Dans un style inimitable, le ministre disait alors : « Selon les dossiers qui me sont remontés, quatre personnes ont été frappées violemment à la vision – on parle de perte d'œil, je préfère ne pas reprendre ce terme-là, mais il y a actuellement quatre personnes qui ont eu des atteintes graves à la vision, certains pouvant éventuellement perdre un œil. »

Charabia abracadabrantesque...

Le 29 janvier, le ministre de l'Intérieur déclarait, sur le plateau de RMC/BFM TV, que « trois CRS [ont] été attaqués à coups d'acide au visage », lors de la manifestation de l'acte XI des Gilets jaunes, le samedi 26 janvier. Le soir même, Christophe Castaner répétait, face aux députés devant lesquels il défendait le projet de loi « anticasseurs » du gouvernement : « Samedi dernier, à Quimper, de l'acide a été jeté au visage de trois CRS. » Manque de chance, une source policière locale a rapidement corrigé le tir ministériel, précisant qu'il n'y avait eu, ce jour-là, qu'un seul policier touché au visage. Par contre, à cette date, un recensement effectué par *Libération* comptait 144 blessés graves, dont 92 par des tirs de lanceur de balles de défense, au moins 14 victimes ayant perdu un œil.

Deux jours plus tôt, Laurent Thines, professeur de neurochirurgie au centre hospitalo-universitaire (CHU) de Besançon, avait lancé une pétition[1] pour un moratoire sur l'utilisation des armes dites « moins-létales », LBD 40 et grenades de désencerclement, afin d'alerter « sur leur dangerosité extrême », puisqu'un projectile de type LBD 40X46, lancé à plus de 90 m/sec (324 km/h) a une force d'impact de 200 joules. « C'est comme si on vous lâchait un parpaing de 20 kilos sur *le visage* d'une hauteur de 1 mètre ! », illustrait-il. Avant d'insister : « Les lésions constatées et prises en charge par nous, personnels soignants, dues à ces armes utilisées sur des personnes parfois très jeunes ou âgées, exerçant leur droit à manifester, sont choquantes et inacceptables :

1. « Les soignants français pour un moratoire sur l'utilisation des armes dites "moins-létales" », sur change.org.

énucléation, amputation d'extrémité de membre, fracas maxillo-facial et dentaire, traumatisme craniocérébral engageant le pronostic vital... Tant de vies ont été ainsi sacrifiées ! »

Expliquant sa démarche et celle de ses nombreux confrères qui lui ont emboîté le pas dans la dénonciation, le médecin livrait un témoignage glaçant, au micro de France Inter : « Je ne suis pas un politique, mais avant tout un médecin et un citoyen. J'ai été très choqué, en tant que neurochirurgien, de la gravité des lésions qui étaient infligées à des personnes qui, dans beaucoup de cas, manifestaient de façon pacifique. J'ai pu aussi consulter les images des scanners anonymisés de certains patients. On retrouve à la fois des lésions externes, des plaies du cuir chevelu, des contusions ou, chez certains patients, la perte d'un œil et des lésions internes, du même type que celles que l'on trouve sur des scènes de guerre ou sur des accidents graves de la route. »

En confrontant ces paroles du neurochirurgien Laurent Thines aux multiples dénégations et mensonges du ministre de l'Intérieur, la gravité d'une politique assumant complètement sa violence répressive, pétrie de « post-vérité », me crève les yeux.

DEUX ET DEUX FONT CINQ

Cher Christophe Dettinger, vous admirez, comme moi, *1984*, le chef-d'œuvre de George Orwell, publié en 1949, un an avant la mort de son auteur.

Vous souvenez-vous de ces pages féroces dans lesquelles nous assistons à la torture et à la « rééducation » mentale de Winston, le réfractaire au règne de Big Brother, par O'Brien, le traqueur et le tortionnaire impitoyable des « criminels par la pensée » ?

Il me semble indispensable de les relire, aujourd'hui, ensemble.

À propos d'O'Brien :

« C'était O'Brien qui dirigeait tout. C'était O'Brien qui lançait les gardes sur lui, et qui les empêchait de le tuer. C'était lui qui décidait à quel moment on devait le faire crier de souffrance, à quel moment on devait lui laisser un répit, quand on devait le nourrir, quand on devait le laisser dormir, quand on devait lui injecter des drogues dans le bras. C'était lui qui posait les questions et suggérait les réponses. Il était le tortionnaire, le protecteur, il était l'inquisiteur, il était l'ami.[1] »

À propos de la torture infligée par O'Brien à Winston :

« Sans aucun avertissement qu'un léger mouvement de la main d'O'Brien, une vague de douleur envahit le corps de Winston. C'était une souffrance effrayante parce qu'il ne pouvait voir ce qui lui arrivait et il avait l'impression qu'une blessure mortelle lui était infligée. Il ne savait si la chose se passait réellement ou si l'effet

---

1. George Orwell, *1984*, trad. Amélie Audiberti, Paris, Gallimard, coll. Folio, 1972, p. 324 ; p. 285 et 286 de la nouvelle traduction (trad. Josée Kamoun, Paris, Gallimard, coll. Du monde entier, 2018).

était produit électriquement. Mais son corps était violemment tordu et déformé, ses articulations lentement déchirées et séparées. Bien que la souffrance lui eût fait perler la sueur au front, le pire était la crainte que son épine dorsale ne se casse.[1] »

Et maintenant, voici la scène cruciale :

« *– Vous rappelez-vous, continua-t-il, avoir écrit dans votre journal : "La liberté est la liberté de dire que deux et deux font quatre ?"*

– Oui, dit Winston.

O'Brien présenta à Winston le dos de sa main gauche levée. Le pouce était caché, les quatre doigts étendus.

– Combien est-ce que je vous montre de doigts, Winston ?

– Quatre.

Le mot se termina par un halètement de douleur. L'aiguille du cadran était montée à cinquante-cinq. La sueur jaillie de son corps avait recouvert Winston tout entier. L'air lui déchirait les poumons et ressortait en gémissements profonds qu'il ne pouvait arrêter, même en serrant les dents. O'Brien le surveillait, quatre doigts levés. Il ramena le levier en arrière. Cette fois, la souffrance ne s'apaisa que légèrement.

– Combien de doigts, Winston ?

– Quatre.

L'aiguille monta à soixante.

– Combien de doigts, Winston ?

---

1. George Orwell, *1984*, *op. cit.*, 1972, p. 325 ; p. 286 et 287 de la nouvelle traduction (*op. cit.*, 2018).

– Quatre ! Quatre ! Que puis-je dire d'autre ? Quatre !

L'aiguille avait dû monter encore, il ne la regardait pas. Le visage lourd et sévère et les quatre doigts emplissaient le champ de sa vision. Les doigts étaient dressés devant ses yeux comme des piliers énormes, indistincts, qui semblaient vibrer. Mais il y en avait indubitablement quatre.

– Combien de doigts, Winston ?

– Cinq ! Cinq ! Cinq !

– Non, Winston, c'est inutile. Vous mentez. Vous pensez encore qu'il y en a quatre. Combien de doigts, s'il vous plaît ?

– Quatre ! Cinq ! Quatre ! Tout ce que vous voudrez. Mais arrêtez cela ! Arrêtez cette douleur ![1] »

Notons que la parabole du « deux et deux font cinq » avait déjà été utilisée, par Orwell, alors qu'il travaillait à la BBC, depuis 1941. Dans son essai « Looking Back on the Spanish War », publié en 1943[2], il expliquait ainsi : « S'il [le dictateur] dit que deux et deux font cinq, eh bien, deux et deux font cinq. Cette perspective m'effraie bien plus que les bombes – et après nos expériences de ces dernières années, ce n'est pas une déclaration frivole. »

1. George Orwell, *1984*, *op. cit.*, 1972, p. 331 et 332 ; p. 292 et 293 de la nouvelle traduction (*op. cit.*, 2018).

2. George Orwell, « Looking Back on the Spanish War », Londres, *New Road*, 1943. Traduction en français : « Réflexions sur la guerre d'Espagne », dans George Orwell, *Essais, articles, lettres*, vol. II (1940-1943), Paris, Ivrea et L'Encyclopédie des nuisances, 1995, p. 312 à 335.

Ici, comme dans *1984*, la falsification des faits est, pour Orwell, plus effrayante que les bombes.

La falsification des faits…

Mais alors, que nous disent ces pages, aujourd'hui ? Pourquoi les citer ici et maintenant ?

CHAPITRE 4
Têtes de mort

« Les dragons, les soldats, les autres sortes de gens papistes du pays qu'on avait armés contre nous et les miquelets auxquels on avait donné toute licence sur les pauvres protestants, ces gens dis-je, les plus inhumains du monde, violaient les femmes et les filles et les égorgeaient impitoyablement. [...] *Rien n'échappait à leur fureur, ils saccageaient, ils brûlaient, ils exterminaient tout, n'épargnaient que ceux qui, suivant l'ordre du roy, les proclamations de Messieurs les Maréchaux de France et du cruel Intendant Baville, se retiraient dans les villes murées et allaient à la messe. »*

Mémoires d'Élie Marion (1701-1708)[1]

1. Dans : Philippe Joutard, *Journaux camisards (1700-1715)*, UGE, « Le monde en 10/18 », 1965.

Disons que *1984* d'Orwell est le vitriol qui nous permet de décaper la chape de plomb posée par Emmanuel Macron sur la liberté démocratique de ne débattre qu'à partir des « vérités de fait » (Hannah Arendt)[1] et qui a donc la vertu puissante de démasquer l'usage systématique de la « post-vérité » par l'actuel pouvoir politique.

Est-ce abuser que d'en passer par Orwell pour décrypter notre situation présente ? Si c'est le cas, alors je ne suis pas seul à commettre cet abus.

À sa façon, la philosophe Myriam Revault d'Allonnes, qui a tant sondé les ténèbres du « mal politique[2] », replace Orwell au centre de la pensée politique la plus actuelle. En conclusion de l'introduction à son dernier essai, *La Faiblesse du vrai*[3], elle écrit limpidement : « Si, avec l'avènement de la "post-modernité", le monde imaginé par Orwell dans *1984* a aujourd'hui de si fortes résonances, ce n'est pas tant parce qu'il dessine les traits inhumains d'un système totalitaire achevé. C'est avant tout parce qu'il figure un monde où l'idée de vérité aurait totalement disparu et où la seule liberté dont dispose celui qui voudrait résister est de pouvoir consigner dans son journal intime que

1. Hannah Arendt, « Vérité et politique », *New Yorker*, février 1967, repris dans : Hannah Arendt, *La Crise de la culture, op. cit.*

2. Magistral : Myriam Revault d'Allones, *Ce que l'homme fait à l'homme. Essai sur le mal politique*, Paris, Seuil, 1995 ; coll. Champs-Flammarion, 1999 et 2010.

3. Myriam Revault d'Allonnes, *La Faiblesse du vrai. Ce que la post-vérité fait à notre monde commun*, Paris, Seuil, 2018.

"deux et deux font quatre". Contre la néantisation du réel, Orwell en appelle [...] à la "vérité" du commun qu'est la *common decency* (la décence "commune" ou "ordinaire").[1] »

Plus précisément, la spécialiste de philosophie politique et d'éthique ne se prive pas d'interpeller le président de la République : « N'y a-t-il pas quelque chose de naïf dans l'idée que le jeu parrèsiastique [du courage de la vérité] – considéré dans une perspective politique – requiert du pouvoir la même réciprocité ? À supposer que le dirigeant politique puisse entendre cette parole de vérité, quels en seront les effets ? On pense à Emmanuel Macron disant en substance : "Je vais vous écouter, je vais vous entendre, mais je ne dévierai pas pour autant de ma ligne de conduite." »

Comment dire ?

POLITIQUE DE LA POST-VÉRITÉ

À propos de l'actualité de la « post-vérité » dans notre pays, Myriam Revault d'Allonnes a précisé encore plus nettement sa pensée lors d'un entretien donné à *Libération*.

Question : « Dans des démocraties comme la France, où les partis populistes ne sont pas au pouvoir, où voir des traces de la post-vérité ? »

1. Myriam Revault d'Allonnes, *ibid.*, p. 18.

Réponse de la philosophe: «On les trouve dans la multiplication des thèses complotistes et dans la suspicion généralisée qui en découle, ou encore dans certains propos qui laissent s'installer une tendance populiste douce: la critique des "élites", la défiance à l'égard de l'activité politique en tant que telle. Sans compter la diffusion virale des informations par Internet et les réseaux sociaux. En un sens, le "en même temps" d'Emmanuel Macron n'aide pas à clarifier les choses. Vouloir réaliser une vague synthèse entre des positions incompatibles ou entre des choix de société divergents, c'est ouvrir la porte à l'indifférenciation. Dans un monde où il n'y a plus de partage entre le vrai et le faux, il n'y a pas de conflit. Et s'il n'y a pas de conflit, il n'y a pas de démocratie, pas de politique.»[1]

«Le "en même temps" d'Emmanuel Macron n'aide pas à clarifier les choses…» C'est le moins qu'on puisse dire.

C'est net, nous sommes dans l'anomie politique qui profite à un exécutif concentrant tous les pouvoirs jusqu'au sommet de l'État, à un régime régalien instauré par la Constitution de la Ve République et qui s'aggrave sans cesse par l'effet du «coup d'État permanent[2]»…

1. Myriam Revault d'Allonnes: «La post-vérité attaque le socle de notre monde commun», propos recueillis par Thibaut Sardier, *Libération*, 19 octobre 2018.

2. François Mitterrand, *Le Coup d'État permanent*, Paris, Plon, 1964; dernière édition: Paris, Les Belles Lettres, 2010.

Cher Christophe Dettinger, je tiens beaucoup à partager complètement avec vous ce que la relecture de *1984* nous enseigne ici et maintenant.

Car l'enjeu, bien au-delà de la politique, est fondamentalement humain. Une fois encore, Myriam Revault d'Allonnes, après peu d'autres lecteurs d'Orwell[1], l'a parfaitement saisi.

À propos du « monde imaginé par Orwell », lequel « ne se réduit pas à la description cauchemardesque d'un système totalitaire abouti », la philosophe soutient justement que « ce monde est devenu inhumain et impartageable car on ne peut y échanger ni idées, ni sentiments, ni émotions ». L'équation de cette catastrophe est, en fait, sous nos yeux : « Or, cette inhumanité procède notamment du fait que le Parti [le parti d'État de Big Brother] peut un jour annoncer que "deux et deux font cinq" et qu'il faudra bien l'accepter. »

Le combat contre la politique de la « post-vérité » de l'État Macron-Philippe-Castaner est donc bien une résistance à l'inhumanité. Sous les termes de « politique de la post-vérité » est dénoncée une stratégie

1. L'étude pionnière sur la centralité de la « vérité » dans la philosophie politique antitotalitaire d'Orwell est l'essai (qui date de l'an 2000) de James Conant, *Orwell ou le pouvoir de la vérité*, Marseille, Agone, 2012. Il a été très judicieusement cité par Muriel Fabre-Magnan, dans une belle réflexion, *L'Institution de la liberté*, Paris, PUF, 2018, où il est beaucoup question de la « dignité », mais aussi du « retournement de la liberté » par le « libéralisme culturel » dont Emmanuel Macron est un champion.

politique indigne, pratiquant sciemment la manipulation de l'opinion publique. Stratégie de communication pour laquelle « les faits objectifs ont moins d'influence dans la formation de l'opinion publique que les appels à l'émotion et aux croyances personnelles », selon l'édition 2016 de l'*Oxford Dictionnary*[1].

Dès 1964, Hannah Arendt, la célèbre philosophe des *Origines du totalitarisme* (New York, 1951), craignait « que le sens par lequel nous nous orientons dans le monde réel – et la catégorie de la vérité relativement à la fausseté compte parmi les moyens mentaux de cette fin – se trouve détruit ». Mais elle se reprenait aussitôt, témoignant de sa confiance dans la résistance ontologique des faits (la « vérité de fait », qu'elle distingue de la « vérité de raison ») et faisant donc le pari de l'incapacité du mensonge politique à se substituer, *in fine*, à la réalité. « Les faits s'affirment eux-mêmes par leur obstination, et leur fragilité est étrangement combinée avec une grande résistance à la torsion. Dans leur opiniâtreté, les faits sont supérieurs au pouvoir », espérait-elle heureusement[2].

Essayons d'être dignes de son espérance.

---

1. C'est, en 1992, dans un essai de l'écrivain américain Steve Tesich, publié par la revue *The Nation*, que le concept de « post-vérité » est apparu pour la première fois. Il y traitait de l'affaire dite de l'Irangate et de la guerre du Golfe. « Nous, en tant que peuples libres, avons librement choisi de vouloir vivre dans un monde de post-vérité », écrivait-il alors.

2. Hannah Arendt, *La Crise de la culture, op. cit.*, p. 327 à 330, dans le chapitre « Vérité et politique ».

Car si le mensonge est consubstantiel à la politique, il est surtout facteur de violence. Nous le savons bien, il y a une relation organique entre le mensonge généralisé et la montée de la violence dans laquelle nous sommes enfermés.

Dans ses essais réunis en 1972 sous le titre *Du mensonge à la violence*[1], Hannah Arendt a parfaitement établi cette dialectique morbide entre le mensonge et la violence. Prolongeant ses réflexions élaborées entre *Condition de l'homme moderne* (1958) et *De la révolution* (1963), la philosophe faisait ce constat pessimiste : « Le secret [...], la tromperie, la falsification délibérée et le mensonge pur et simple, employés comme moyens légitimes de parvenir à la réalisation d'objectifs politiques, font partie de l'Histoire aussi loin qu'on remonte dans le passé. La véracité n'a jamais figuré au nombre des vertus politiques, et le mensonge a toujours été considéré comme un moyen parfaitement justifié dans les affaires politiques.[2] »

Vous-même, cher Christophe Dettinger, avez été littéralement harponné par cette folie de la désinformation à finalité politique.

---

1. Hannah Arendt, *Crises of the Republic : Lying in Politics ; Civil Disobedience ; On Violence ; Thoughts on Politics and Revolution*, New York, Houghton Mifflin Harcourt, 1972. *Du mensonge à la violence. Essais de politique contemporaine*, Paris, Calmann-Lévy, 1972.

2. Hannah Arendt, *Du mensonge à la violence* (1969 et 1972), *op. cit.*, Paris, Pocket, 2002, p. 8 et 9, et dans *L'Humaine Condition*, Paris, Gallimard, coll. Quarto, 2012, p. 846.

Dès le 7 janvier, deux jours après votre pugilat contre les gendarmes, et alors que vous venez tout juste de vous rendre à la police, des médias commencent à diffuser la fausse nouvelle : « le boxeur » était équipé de gants « coqués », voire « lestés de plomb ». Une telle « information » faisait aussitôt de vous un délinquant armé et ayant prémédité son agression des fonctionnaires.

Le déshonneur de cette diffusion d'une évidente manipulation revient, ce jour-là, à France Inter qui affirme, à 12 h 20 : « Christophe Dettinger a utilisé des gants coqués, lestés de plomb, des gants retrouvés à son domicile. Ce sont des gants de motard, mais cela pourrait aussi signifier que l'ancien boxeur professionnel a prémédité son acte. » Dans le sillage de cette première désinformation, le journal de 13 heures de France 2 reprend, certes avec moins de détails, la même accusation : « Il [vous, Christophe] est soupçonné d'avoir frappé avec des gants coqués au moins deux gendarmes. »

Ensuite, cette intox est reprise par Francetvinfo, qui cite France 2 : « Ses gants étaient "coqués", c'est-à-dire renforcés avec du plomb, précise une source policière à France 2. » Au 20 heures de France 2, un reportage est même consacré à cette affaire dans l'affaire de la passerelle Léopold-Sédar-Senghor. On y apprend, sans aucun conditionnel toujours : « Il [encore vous, Christophe] se présente comme un manifestant qui a cédé à la colère, mais il portait samedi des gants renforcés. L'enquête devra déterminer si ces violences étaient préméditées. »

Dès le lendemain, Francetvinfo relance l'accusation, à travers les propos du porte-parole du Syndicat des cadres de la sécurité intérieure, Christophe Rouget, qui commente, sentencieux : « Dans quel monde vit-on ? Quelle image donne-t-on à nos enfants lorsqu'on soutient des gens qui ont commis des actes délictueux graves ? Cet individu est venu avec des gants plombés sur ces manifestations et a agressé volontairement des policiers. »

Plus tard, une autre syndicaliste policière se voit ouvrir les colonnes de *La Dépêche du Midi* et de *La Nouvelle République des Pyrénées*, qui impriment : « Linda Kebbab, déléguée nationale du Syndicat Unité SGP Police FO, soulignait quant à elle que Christophe Dettinger avait utilisé des gants de moto coqués sur les phalanges et lestés de plomb. Retrouvés à son domicile lors d'une perquisition menée pendant le week-end, ces accessoires qu'il a utilisés samedi pour passer un gendarme à tabac, mettent à mal la version du boxeur selon laquelle sa violente altercation avec les forces de l'ordre n'était pas préméditée. »

Pourtant, dès le samedi 5 janvier au soir, il était possible de vérifier par soi-même que vos gants, Christophe, n'étaient ni "coqués", ni plombés, ni renforcés... Sur de nombreuses photos, que certains Gilets jaunes ont fait circuler rapidement sur les réseaux sociaux pour démentir la version policière, il était facile de constater que ceux-ci n'étaient que des gants de chez Singer, du modèle GHNTH, banalement utilisés pour protéger les mains contre le froid. L'un de vos avocats, maître Vigier, s'insurgeait d'ailleurs très vite : « Toute cette histoire est complètement fausse. Les gants ont été saisis et placés sous scellés : ils n'étaient ni "coqués", ni plombés, ni renforcés. Cela ne figure d'ailleurs nulle part dans la procédure judiciaire. »

Et pour cause. Vos gants avaient été retrouvés dès le 6 janvier, dans l'après-midi, lors de la perquisition de votre véhicule. Sur le procès-verbal de cette perquisition, il est bien relevé qu'une paire de « gants de couleur noire supportant des inscriptions blanches sur le dessus » a été saisie et mise sous scellés. Il n'y est fait mention d'aucune autre particularité, ce qui signifie que, dès le 6 janvier, les policiers savaient qu'il s'agissait de gants ordinaires…

Contacté par CheckNews (*Libération*), Emmanuel Leclère, auteur du premier article de France Inter, a reconnu *a posteriori* son erreur : « J'avais deux sources m'affirmant qu'il s'agissait de gants coqués. Sur la photo, en zoomant, j'avais cru aussi que c'était le cas. L'une des deux sources a ensuite précisé que c'était des gants d'entraînement, donc lestés. On l'a rajouté dans le papier. »

Du côté de France 2, même réponse irresponsable, à peu de chose près : « L'info nous a été donnée par une source normalement fiable. On a décidé de la donner, avant de voir que France Inter avait aussi la même, probablement à partir de la même source.

On s'est rendu compte, par la suite, que l'info était fausse. » Cependant, il n'y a jamais eu de rectificatif à l'antenne de France 2. Et aucun correctif non plus sur les ondes de France Inter. Ni dans aucun des autres médias qui ont propagé cette désinformation…

Le « service public » de l'information a fait ainsi son travail…

LA DÉCENCE COMMUNE

L'antidote à ce poison historique de la « post-vérité », qui nécrose notre République et la démocratie, c'est votre « décence commune », cher Christophe Dettinger. C'est celle du peuple, telle qu'Orwell l'a magnifiée[1].

Pour lui, la *common decency* est le principe de la pratique quotidienne de la solidarité. La « décence commune » des classes populaires est aussi une disposition défensive face à l'oppression : « Les petites gens ont eu à subir depuis si longtemps les injustices, qu'elles éprouvent une aversion quasi instinctive pour toute domination de l'homme sur l'homme. »

---

1. Dans son *De la décence ordinaire : court essai sur une idée fondamentale de la pensée politique de George Orwell* (Paris, Allia, 2008), le philosophe Bruce Bégout définit la *common decency* comme « faculté instinctive de percevoir le bien et le mal ». Il ajoute qu'elle correspond à « un sentiment spontané de bonté qui est, à la fois, la capacité affective de ressentir dans sa chair le juste et l'injuste et une inclination naturelle à faire le bien ». Dans le même sens : Stéphane Leménorel, *George Orwell ou la vie ordinaire*, Neuvy-en-Champagne, Le Passager clandestin, 2017.

La *common decency* était aussi, pour Orwell, le fondement de toute société socialiste et, selon lui, « le révolutionnaire s'active pour rien s'il perd contact avec la décence ordinaire humaine[1] ». À bon entendeur...

Pour contrer la « néantisation du réel », Myriam Revault d'Allonnes a compris qu'Orwell en appelait au « sens commun », au « sens *du* commun » et, oui, à la *common decency* (« décence commune ») qui désigne « le fondement sensible de notre appartenance au monde ».

Des dirigeants de notre monde, nous dirons donc qu'ils vivent dans une « indécence extraordinaire ».

Il nous faut les stopper dans leur « en marche » précipité vers un « nouveau monde » saturé de violence, de mépris, de mensonge et de narcissisme[2].

Face à ce régime, le coup d'arrêt populaire s'impose, avant même de se lancer dans une nécessaire Constituante.

À la mi-décembre 2016, le politologue Eddy Fougier affirmait déjà : « Ce que l'on doit retenir de ce début

---

1. George Orwell, « La révolte intellectuelle » [1946], repris dans George Orwell, *Écrits politiques [1928-1949]. Sur le socialisme, les intellectuels & la démocratie*, Marseille, Agone, 2009. Lire aussi Jean-Claude Michéa, *Orwell éducateur*, Paris, Climats, 2009, p. 121-124.

2. Orwell nommait « narcissisme » la « tentation pour un écrivain de faire triompher dans ses écrits des idées qui n'ont aucune prise sur la réalité », selon le philosophe Jean-Jacques Rosat (« Ni anarchiste ni tory », dans *Orwell, entre littérature et politique*, revue *Agone*, n° 45, 2011, p. 28).

de campagne présidentielle, c'est que les Français ont envie de "renverser la table".[1] » Le mouvement des Gilets jaunes, auquel, Christophe, vous avez participé dès le début, est en train de renverser la table !

Le 20 mars, une étude comparative réalisée par l'Institut français d'opinion publique (Ifop) et diffusée par *Atlantico* révélait que « quatre Français sur dix estiment que pour changer la situation économique et sociale du pays il faudrait une révolution ». Cette proportion est « la marque d'une radicalité très présente au sein de la société française », expliquait alors David Nguyen, le directeur conseil auprès de l'Ifop, avant de préciser : « L'adhésion à une logique révolutionnaire chez 39 % des Français indique un niveau de tension politique élevé. »

Oui, la révolution s'impose, afin de destituer les intoxiqués au règne, à la puissance et à la gloire. L'enjeu de ce coup d'arrêt nécessaire est désormais d'un ordre autant éthique que politique, d'un enjeu où il en va du bien et surtout du mal dans l'Histoire.

TÊTES DE MORT

Car aucun espoir n'est plus permis quant à une réforme, dans le « bon sens », initiée par Emmanuel Macron et le gouvernement.

---

1. Blog sur l'actualité politique hébergé par le *Huffington Post*: www.huffingtonpost.fr/eddy-fougier/.

Au contraire, même.

Face à la contestation des Gilets jaunes, qui, en février, ne faiblissait pas, le chef de l'État a accentué progressivement l'affichage de sa « fermeté », voire ses menaces de durcissement de la répression.

Ainsi, le 26 février, devant quelque cent cinquante maires de la Région Grand Est réunis à l'Élysée, Emmanuel Macron a dit qu'il voulait en finir avec « la démocratie de l'émeute », que les rassemblements de Gilets jaunes devaient cesser et que ceux qui se joignaient aux manifestations violentes se rendaient « complices du pire ».

« Il faut maintenant dire que lorsqu'on va dans des manifestations violentes, on est complice du pire. C'est un miracle qu'après autant de samedis avec cette violence, il n'y ait eu aucun mort à déplorer de la part des forces de l'ordre », a-t-il alors précisément répondu à une interpellation du président de la Région, Jean Rottner (LR), qui appelait l'État à « faire preuve d'autorité », après quinze samedis de manifestations des Gilets jaunes.

La suite est encore plus martiale.

« Nous ne pouvons, de manière raisonnable, pas interdire les manifestations », a ajouté le président, en invoquant la Constitution, mais « par contre, il faut un message clair de tout le monde » pour « dénoncer la violence » des Gilets jaunes.

Dans un tweet, le député des Insoumis Éric Coquerel a dénoncé ces propos liberticides : « Sous Macron, celles et ceux qui exercent leur droit fondamental de manifester sont donc complices du pire ! Quand les droits des opposants sont ainsi menacés, est-on toujours en démocratie ? » De même, Esther Benbassa, sénatrice Europe Écologie-Les Verts (EELV), déclarait, toujours sur Twitter : « Des complices du pire, j'en connais d'autres : Macron, Castaner, Nuñez... Qui ordonnent de tirer au LBD sur des Gilets jaunes qui seront éborgnés. »

En réalité, l'État français, surtout depuis le samedi 8 décembre 2018, s'est lancé à corps perdu dans une véritable guerre policière et judiciaire contre toutes les contestations, même les plus pacifiques, de sa politique destructrice du patrimoine social des Français.

Ainsi, le gouvernement s'est abstenu de faire preuve de la moindre autorité républicaine lorsqu'il a toléré les pires déviances des forces de l'ordre. Des déviances symbolisées par un comportement morbide observé à Toulouse, lors de l'acte VIII des Gilets jaunes, le samedi 5 janvier 2019. Ce jour-là, de nombreuses photos d'un membre des forces de l'ordre mobilisées dans la Ville rose sont postées sur les réseaux sociaux : le policier porte un masque figurant une tête de mort, celle du personnage Ghost dans *Call of Duty*, un jeu vidéo de tir à la première personne se déroulant pendant la Seconde Guerre mondiale. L'homme a été repéré par des membres de l'Observatoire des pratiques policières. « On l'a vu à plusieurs endroits de la manifestation, au milieu de ses collègues », a témoigné un membre de l'Observatoire. Selon la préfecture de la Haute-Garonne, il s'agissait bien d'un agent intégré au « dispositif de sécurisation de la manifestation ».

Une manifestante qui a pris le policier cagoulé en photo a raconté une partie de son échange avec lui :

Le policier : « Tu veux un selfie avec moi ?

La manifestante : – Non, je vous prends en photo pour montrer votre manque de professionnalisme.

Le policier : – Mais tu connais le jeu ? »

Un jeu de guerre !

Jean-François Mignard, secrétaire général de la Ligue des droits de l'homme (LDH), habitant de Toulouse, a commenté : « Il joue à la guerre ? C'est une drôle de conception du maintien de l'ordre. Quand un policier se balade avec ce genre de choses, il se croit à la guerre. Il y a une espèce de fossé qui se crée entre les forces de l'ordre et les manifestants, vus comme des ennemis. »

Ce même 5 janvier, le chef de l'État signait ce tweet atterrant : « Une fois encore, une extrême violence est venue attaquer la République – ses gardiens, ses représentants, ses symboles. Ceux qui commettent ces actes oublient le cœur de notre pacte civique. Justice sera faite. »

Mais c'est à la suite de l'acte XVIII des Gilets jaunes, le samedi 16 mars, que la rhétorique présidentielle et gouvernementale a basculé dans la logique de la loi martiale. Après des incidents inexcusables constatés, dès le milieu de matinée, sur les Champs-Élysées, mais surtout ayant assisté à une remobilisation résolue de toutes les protestations sociales, démocratiques et écologiques convergentes comme jamais auparavant, Emmanuel Macron, revenu en urgence des sports d'hiver, twittait, dès 15 h 46 : « Ce qu'il s'est passé aujourd'hui sur les Champs-Élysées, ça ne s'appelle plus une manifestation. Ce sont des gens qui veulent détruire la République, au risque de tuer. Tous ceux qui étaient là se sont rendus complices de cela. »

« Détruire la République, au risque de tuer. Complices… »

Certes, les dégradations gratuites et les incendies de magasins sont absolument condamnables, mais ils sont le fait de casseurs, voire de provocateurs, qui ne sont en rien soutenus par l'immense majorité des Gilets jaunes. C'est pourquoi, insinuer ou même déclarer – comme l'ont fait à l'unisson chef de l'État, Premier ministre et ministre de l'Intérieur - que ceux-ci en sont les « complices » est insupportable.

En chœur, comme attendu, le ministre de l'Intérieur commentait, dans une série de gazouillis numériques, le déroulement de l'acte XVIII des Gilets jaunes : « Aucun doute permis : ils appellent à la violence et sont là pour semer le chaos à Paris. » Le surlendemain, son ton sécuritaire montait d'un cran significatif : « Des individus qui mettent le feu à un immeuble d'habitation, ce ne sont pas des militants politiques, ce sont des assassins. Samedi, il n'y avait pas de "gilets jaunes" sur les Champs-Élysées, il y avait des gens qui savaient qu'ils participaient à une émeute. »

Ce jour-là, le 16 mars, j'étais moi-même présent – comme des milliers de personnes, dont une majorité de Gilets jaunes tout à fait pacifiques – sur les Champs-Élysées, avant de continuer de marcher vers la Madeleine, l'Opéra, la République... J'avais donc « participé à une émeute », me rendant « complice » de « gens qui veulent détruire la République, au risque de tuer », et « des assassins ».

Le mardi 19 mars, à l'Assemblée nationale, lors de la séance des questions au gouvernement, le secrétaire d'État à l'Intérieur Laurent Nuñez a affirmé que « pour l'avenir et dès samedi prochain, nous partons du principe que ces rassemblements [de Gilets jaunes] sont des rassemblements d'émeutiers qui ne visent qu'à causer des troubles, et donc ils seront dispersés immédiatement sur la base d'arrêtés d'interdiction et, le cas échéant, sur la base de la notion d'attroupements en vue de commettre des violences ». Précisant : « Nous les disperserons immédiatement et, s'il le faut, nous interpellerons massivement. »

« Des rassemblements d'émeutiers... »

Comme prévu, le chef de l'État et le gouvernement ont dès lors basculé dans la militarisation de la répression du mouvement social. Le mercredi 20 mars, ils ont effectivement annoncé leur intention de mobiliser les militaires de l'opération antiterroriste « Sentinelle » pour le « maintien de l'ordre » prévu pour l'acte XIX des Gilets jaunes, le samedi 23 mars. Lors du Conseil des ministres, Emmanuel Macron a donc décidé « une mobilisation renforcée du dispositif "Sentinelle" pour sécuriser les points fixes et statiques », a rapporté Benjamin Griveaux, le porte-parole du gouvernement, à l'issue de la réunion. « Nous ne pouvons pas laisser une infime minorité violente abîmer notre pays et détériorer l'image de la France à l'étranger », a-t-il ajouté.

Mobiliser les militaires de l'opération antiterroriste « Sentinelle » pour le « maintien de l'ordre ».

Malik Salemkour, actuel président de la Ligue des droits de l'homme (LDH), a aussitôt réagi : « La spirale sécuritaire s'affole toujours plus fort. Mettre des militaires au maintien de l'ordre, c'est prendre le risque d'ouvrir le feu sur des manifestants. Impliquer l'armée, c'est sortir du maintien de l'ordre pour entrer dans une militarisation de la répression des mouvements sociaux. Le gouvernement doit retrouver son sang-froid et l'esprit de responsabilité qu'on attend d'un pouvoir démocratique. »

Parmi d'autres responsables politiques, le président du groupe Les Républicains (LR) au Sénat, Bruno Retailleau, a aussitôt appelé Emmanuel Macron, en tant que chef des armées, à « renoncer à cette décision funeste ». « Les militaires ne sont pas formés au maintien de l'ordre. Ils sont formés au combat, pour tuer et neutraliser. On utilise l'armée en cas de guerre ou de guerre civile, mais on ne me fera pas dire que 1 500 black blocs constituent une menace pour la nation française à tel point qu'on en vienne à cette extrémité ! », a protesté le sénateur de la Vendée. « L'État de droit est chaque jour davantage piétiné », s'est insurgée, sur Twitter, la députée de La France insoumise (LFI) Clémentine Autain.

Comment en sommes-nous arrivés à une telle dérive ?

Comment ne pas se souvenir que le 29 mai 1968, après un petit mois à peine de manifestations autrement révolutionnaires que celles des Gilets jaunes, le préfet de police Maurice Grimaud écrivait une lettre destinée à chaque policier, afin de le rappeler à la déontologie d'un maintien de l'ordre républicain. Je crois que cela vaut la peine, cher Christophe Dettinger, que je vous en cite quelques extraits: « Je m'adresse aujourd'hui à toute la Maison: aux gardiens comme aux gradés, aux officiers comme aux patrons, et je veux leur parler d'un sujet que nous n'avons pas le droit de passer sous silence: c'est celui des excès dans l'emploi de la force. Si nous ne nous expliquons pas très clairement et très franchement sur ce point, nous gagnerons peut-être la bataille dans la rue, mais nous perdrons quelque chose de beaucoup plus précieux et à quoi vous tenez comme moi: c'est notre réputation. [...] Je comprends que lorsque des hommes assaillis pendant de longs moments reçoivent l'ordre de dégager la rue, leur action soit souvent violente. Mais là où nous devons bien être tous d'accord, c'est que, passé le choc inévitable du contact avec des manifestants agressifs qu'il s'agit de repousser, les hommes d'ordre que vous êtes doivent aussitôt reprendre toute leur maîtrise. Frapper un manifestant tombé à terre, c'est se frapper soi-même en apparaissant sous un jour qui atteint toute la fonction policière. Il est encore plus grave de frapper des manifestants après arrestation et lorsqu'ils sont conduits dans des locaux de police pour y être interrogés. [...] Dites-vous bien et répétez-le autour de vous : toutes les fois qu'une violence illégitime est commise contre un manifestant, ce sont des dizaines de ses camarades qui souhaitent le venger. Cette escalade n'a pas de limites. »

C'était il y a un demi-siècle, certes.

UN PROCUREUR ZÉLÉ

Emmanuel Macron, le 5 janvier : « Ceux qui commettent ces actes oublient le cœur de notre pacte civique. Justice sera faite... »

Pour être faite, la justice est faite. Mais de façon indigne de l'État de droit. Préventive, expéditive, inéquitable et, surtout, subordonnée à l'exécutif.

Selon un bilan judiciaire de la répression du mouvement des Gilets jaunes, en date du 20 mars, 9 500 personnes avaient été interpellées, 1 796 étaient déjà condamnées et 1 200 autres restaient en attente de jugement. Plus précisément, 1 796 manifestants avaient déjà récolté une peine allant de l'amende à la prison ferme. « Plus de 1 300 comparutions immédiates ont été organisées et 316 personnes ont été placées sous mandat de dépôt », se vantait le Premier ministre Édouard Philippe, devant l'Assemblée nationale, dès le 11 février.

Ce bilan est exceptionnel : aucun mouvement social n'a jamais généré une telle démesure judiciaire.

En analysant les jugements prononcés à la va-vite, sans enquêtes, ni preuves, ni débats contradictoires, il apparaît que les Gilets jaunes poursuivis comparaissaient pour des faits de violences volontaires, de dégradations, de menaces, de rébellion et d'outrage, ou de port d'arme prohibée. Mais les procédures conduisant à ces accusations et, presque immédiatement, à de lourdes condamnations, sont entachées par un détournement de la fonction légale des parquets, et premièrement de celui de Paris, par le gouvernement.

C'est bien ce qu'a révélé la publication d'une note du procureur de la République de Paris, Rémy Heitz, rédigée et envoyée dès le 12 janvier 2019 à tous les procureurs parisiens, qui précise les conduites à tenir au sujet des suites judiciaires concernant les Gilets jaunes.

Rémy Heitz, « un procureur zélé choisi par Macron », selon les termes du pourtant très libéral Éric Verhaeghe.

La note de Rémy Heitz, intitulée « Permanence Gilets jaunes » et destinée aux magistrats du parquet de Paris, donne des conseils pratiques pour organiser la masse de travail quand des centaines de manifestants sont placés en garde à vue, dont celui de privilégier les levées de garde à vue le samedi soir, ou même le dimanche matin, peu importe que les faits soient minimes, voire imaginaires, et quand bien même il y a classement sans suite. L'objectif explicite de la note du procureur de la République de Paris est d'empêcher les interpellés de « retourner grossir les rangs des fauteurs de troubles (*sic*) ».

Le 14 mars 2019, *Mediapart* révélait ainsi que tous les officiers de police judiciaire d'un commissariat de l'Est parisien dénonçaient les « instructions illégales » de leur hiérarchie, en particulier lors des manifestations des Gilets jaunes, puisque sur ordre écrit de la préfecture de police de Paris (mail daté du samedi 9 mars 2019, émanant de l'état-major du district de l'Est parisien), les manifestants interpellés devaient être systématiquement placés en garde à vue, même s'ils n'avaient commis aucun délit. L'un de ces officiers a eu le courage d'expliquer : « Les consignes sont les suivantes : placer systématiquement les Gilets jaunes arrêtés en garde à vue. Il s'agit souvent d'arrestations préventives. C'est-à-dire qu'en termes de droit, rien n'est respecté.[1] »

On se souvient dans quelles conditions, le 3 octobre 2018, la garde des Sceaux, Nicole Belloubet, avait nommé Rémy Heitz, alors directeur des affaires criminelles et des grâces, comme successeur de François Molins, au poste de procureur de la République de Paris. Cette nomination était la seule possible, l'Élysée ayant rayé les noms de tous les autres candidats... D'ailleurs, sûr de son droit du plus fort, le Premier ministre Édouard Philippe a fini par assumer être intervenu, avec le président de la République, dans la nomination de Rémy Heitz, voulant « être certain », a-t-il dit, qu'il serait « parfaitement à l'aise » avec le nouveau procureur.

On sait aussi dans quelles conditions de soumission éhontée à l'exécutif le procureur de la République de

1. Pascale Pascariello, « Des policiers témoignent : "On est obligés d'accepter des instructions illégales" », Mediapart, 14 mars 2019.

Paris a tenté de faire perquisitionner *Mediapart*, sans motif de la moindre plainte, le 4 février 2019, par deux procureurs du parquet de Paris accompagnés de trois policiers, dont un commissaire divisionnaire de la brigade criminelle, dans le cadre d'une enquête préliminaire pour « atteinte à l'intimité de la vie privée » d'Alexandre Benalla et « détention illicite d'appareils ou de dispositifs techniques de nature à permettre la réalisation d'interception de télécommunications ou de conversations ».

Pour revenir à la circulaire inique de Rémy Heitz aux parquetiers de Paris, celle-ci préconisait encore d'inscrire les Gilets jaunes interpellés sur le fichier de traitement des antécédents judiciaires, même si les dossiers les concernant étaient classés sans suite…

Pour mémoire, l'article 7 de la Déclaration des droits de l'homme et du citoyen (1789) prévoit que « ceux qui sollicitent, expédient, exécutent ou font exécuter des ordres arbitraires, doivent être punis ».

Ordres arbitraires…

Vincent Charmoillaux, l'un des porte-parole du Syndicat de la magistrature, fut le premier à réagir avec colère à la divulgation de la note du procureur de la République de Paris : « Il y a une atteinte à la liberté individuelle, lorsqu'on donne pour instruction de maintenir les gardes à vue sur des gens dont on sait qu'ils ne seront pas poursuivis, et qu'on les maintient privés de liberté pendant plusieurs heures, voire pendant la nuit suivante, pour de pures nécessités de maintien de l'ordre. On est sur un détournement de l'objet de la garde à vue. De même lorsqu'on demande un fichage sur des gens dont on sait qu'il n'y a pas d'infraction caractérisée. »

Le 25 février, un communiqué du Syndicat de la magistrature dénonçait une « atteinte à la liberté individuelle » et, plus précisément, une « entrave à la liberté d'aller et venir, quand il est préconisé de lever les gardes à vue "le samedi soir ou le dimanche matin, afin d'éviter que les intéressés grossissent à nouveau les rangs des fauteurs de troubles", alors que ces gardes à vue n'ont de fait plus lieu de se poursuivre en raison d'une décision de classement sans suite au motif 21 (infraction insuffisamment caractérisée) ou 56 (rappel à la loi) ».

Le lendemain, les recommandations adressées au gouvernement par la commissaire aux droits de l'homme du Conseil de l'Europe ciblaient particulièrement l'atteinte à la liberté individuelle révélée par la circulaire du procureur Heitz, entre autres faits policiers et judiciaires révoltants relevés en France : « La commissaire s'inquiète des interpellations et placements en garde à vue de personnes souhaitant se rendre à une manifestation sans qu'aucune infraction ne soit finalement caractérisée et ni aucune poursuite engagée à l'issue de ces gardes à vue. Elle estime que de telles pratiques constituent de graves ingérences dans l'exercice des libertés d'aller et venir, de réunion et d'expression, qui sont garanties par la Convention européenne des droits de l'homme et dont la Cour contrôle le respect en s'assurant, en particulier, que toute restriction qui leur est apportée soit strictement nécessaire. Elle invite donc les autorités à respecter scrupuleusement cette exigence et à ne pas utiliser ces procédures comme des outils préventifs de maintien de l'ordre.[1] »

Pour autant, le jour même, l'immodéré Benjamin Griveaux, secrétaire d'État auprès du Premier ministre, porte-parole du gouvernement, n'a rien trouvé de mieux à faire que de justifier le fond liberticide de la circulaire du procureur Rémy Heitz : « Qu'il y ait eu des consignes de sévérité particulières qui aient pu être données à certains moments pour rétablir l'ordre public, parce que vous aviez dans certaines manifestations des personnes qui s'y rendaient avec l'intention ferme de piller, de voler, de brûler, de violenter, je dirais même de tuer les forces de l'ordre, qu'il y ait des consignes de sécurité ça ne me choque pas. »

« Intention ferme de piller, de voler, de brûler, de violenter, je dirais même de tuer les forces de l'ordre... »

Ce sont pourtant les « consignes de sévérité particulières » du gouvernement à la police et à la justice qui ont été dénoncées, sans ambiguïté, par le rapport annuel 2018 du Défenseur des droits, publié le 12 mars 2019 : « En France [...] s'est implantée une politique de renforcement de la sécurité et de la

---

1. Commissaire aux droits de l'homme, « Mémorandum sur le maintien de l'ordre et la liberté de réunion dans le contexte du mouvement des "gilets jaunes" en France », Strasbourg, paragraphe 47.

répression face à la menace terroriste, aux troubles sociaux et à la crainte d'une crise migratoire alimentée par le repli sur soi. » L'autorité indépendante, présidée par l'ancien ministre Jacques Toubon, s'interrogeait ainsi sur « le nombre "jamais vu" d'interpellations et de gardes à vue intervenues "de manière préventive" » lors des manifestations des Gilets jaunes. Le document estimait que les directives des autorités pour gérer la contestation sociale « semblent s'inscrire dans la continuité des mesures de l'état d'urgence », décrété après les attentats du 13 novembre 2015, et que ce régime d'exception a agi comme une « pilule empoisonnée » venue « contaminer progressivement le droit commun, fragilisant l'État de droit ». Le Défenseur estimait même que ce « régime d'exception » a « contribué à poser les bases d'un nouvel ordre juridique, fondé sur la suspicion, au sein duquel les droits et libertés fondamentales connaissent une certaine forme d'affaissement »[1].

La politique de renforcement de la sécurité et de la répression assumée par Emmanuel Macron a fragilisé l'État de droit. Voici la vérité crue qui

1. Le Défenseur des droits est une autorité administrative indépendante créée par la révision constitutionnelle du 23 juillet 2008 et instituée par la loi organique du 29 mars 2011. Il est chargé de défendre les droits des citoyens face aux administrations, mais dispose aussi de prérogatives particulières en matière de promotion des droits de l'enfant, de lutte contre les discriminations, de respect de la déontologie des activités de sécurité. Lire les pages 31 à 33 du rapport 2018 : www.defenseurdesdroits.fr/sites/default/files/atoms/files/raa-2018-num-19.02.19.pdf.

fracasse les outrances sécuritaires du porte-parole du gouvernement.

Vous souvenez-vous, cher Christophe Dettinger, du témoignage de Brigitte en votre faveur : « Aujourd'hui, j'ai perdu tout respect pour les forces de répression, après ce que j'ai vu de mes propres yeux, entendu et subi, alors que je suis pacifique et non armée bien sûr. Je n'ai jamais nui à autrui sciemment, je hais la violence, je suis profondément pacifique mais je comprends que des personnes pètent les plombs devant tant de répression démesurée, face à des citoyens non armés qui sont gazés, mutilés, chargés, matraqués… »

CONDAMNATIONS INTERNATIONALES

Un tour de la presse étrangère démontre, très vite, combien la politique répressive à outrance de l'État français est dénoncée, jugée et même méprisée dans la plupart des pays démocratiques.

Les violences policières sont unanimement analysées comme étant de l'huile jetée par Emmanuel Macron sur le feu de la colère légitime du peuple français.

El País (Espagne), *Efsyn* (Grèce), *La Repubblica* (Italie), *Tribune de Genève* (Suisse), *The Times* (Grande-Bretagne), *Financial Times* (Grande-Bretagne, Londres), *O Globo* (Brésil) et *La Nacion* (Argentine) datés du 3 décembre 2018, entre autres, estiment que « la France titube ».

Le Temps (Suisse) du 9 janvier, *The New York Times* (États-Unis) du 29 janvier, *The Spectator* (Grande-Bretagne) du 8 février, *Die Tageszeitung* (Allemagne) du 11 février... Dans les colonnes de ces grands journaux, les reportages disent tous, en substance : « Depuis le début du mouvement social, de nombreux manifestants ont été grièvement blessés par les forces de l'ordre. Les méthodes d'intervention de la police française semblent inadaptées, renforçant le ressentiment des Gilets jaunes envers le gouvernement...[1] »

Shame on you, Mr. President!

Mais, au-delà de la presse et des opinions publiques étrangères, la gestion purement répressive du mouvement social des Gilets jaunes par l'État français fut aussi sévèrement critiquée, voire condamnée, par les instances politiques internationales les plus importantes.

Le 14 février, un groupe d'experts de l'Organisation des Nations unies (ONU) a critiqué les modes de répression du mouvement des Gilets jaunes par le gouvernement français. Selon Seong-Phil Hong, président du groupe de travail sur la détention arbitraire, Michel Forst, rapporteur spécial sur la situation des défenseurs des droits de l'homme, et Clément Nyaletsossi Voule, rapporteur spécial sur les droits à la liberté de réunion pacifique et d'association, « les restrictions imposées aux droits ont [...] entraîné un nombre élevé d'interpellations et de gardes à vue, des

1. *The New York Times* du 29 janvier 2019.

fouilles et confiscations de matériel de manifestants, ainsi que des blessures graves causées par un usage disproportionné d'armes dites "non létales" telles que les grenades et les lanceurs de balles de défense ou Flash-Balls».

Le même jour, le Parlement européen condamnait «le recours à des interventions violentes et disproportionnées par les autorités publiques lors de protestations et de manifestations pacifiques». Une résolution «sur le droit à manifester pacifiquement et l'usage proportionné de la force» était alors votée par 438 députés européens, 78 autres se prononçant contre et 87 s'étant abstenus. Ce texte invite les États membres à «veiller à ce que le recours à la force par les services répressifs soit toujours légal, proportionné et nécessaire, qu'il ait lieu en ultime recours et qu'il préserve la vie et l'intégrité physique des personnes».

Lors des débats qui précédèrent le vote de la résolution européenne, l'eurodéputé écologiste français Yannick Jadot a dénoncé l'usage des LBD 40: «Il n'y a qu'en France, en Pologne et en Grèce qu'il y a un usage sans limite de ces instruments qui, selon les équipes médicales, causent des blessures de guerre.» Les eurodéputés français de Génération.s (groupe Socialistes et démocrates) ajoutaient: «Le président de la République française doit entendre l'alerte du Parlement européen et revoir sa politique de maintien de l'ordre, qui conduit à une surenchère de violence.» Younous Omarjee, eurodéputé de La France insoumise (Gauche unitaire européenne), concluait:

« Je m'inquiète pour mon pays, je m'inquiète pour les libertés en France et je m'inquiète du basculement autoritaire du président Macron. »

Le 26 février, la France était de nouveau au ban des nations. Au terme d'une mission conduite en France, la commissaire aux droits de l'homme du Conseil de l'Europe, Dunja Mijatović, recommandait la « suspension » de l'usage du lanceur de balles de défense (LBD 40) lors des manifestations, étant donné le nombre élevé de tirs et de blessés recensés. Son mémorandum ouvrait alors la voie à une saisine de la Cour européenne des droits de l'homme (CEDH).

En termes certes diplomatiques, Dunja Mijatović appelait la France à « mieux respecter les droits de l'homme lors des opérations de maintien de l'ordre » et aussi « à ne pas apporter de restrictions excessives à la liberté de réunion pacifique à travers la proposition de loi visant à renforcer et garantir le maintien de l'ordre public lors des manifestations ».

Venue à Paris fin janvier 2019 pour procéder à de nombreuses auditions, la commissaire aux droits de l'homme du Conseil de l'Europe s'est inquiétée « du nombre élevé » de tirs subis par les manifestants au moyen d'armes dites « de force intermédiaire », alors qu'elles peuvent « provoquer de graves blessures ». Plus précisément, son mémorandum « observe que des armes de défense intermédiaire, en particulier le LBD 40, sont mises en cause par de nombreuses victimes de ces blessures à la tête, alors même que les tirs de LBD 40 doivent, selon les instructions rappelées par le directeur général de la police nationale le 16 janvier 2019, être “ciblées”, le tireur ne devant “viser exclusivement que le torse et les membres supérieurs ou inférieurs” ».

Se disant « extrêmement préoccupée par le nombre d’allégations sérieuses, concordantes et crédibles de violences policières ayant entraîné des mutilations et de graves blessures, notamment à la tête », Dunja Mijatović a considéré que « les blessures à la tête occasionnées par des tirs de LBD 40 révèlent un usage disproportionné de la force ».

Le mémorandum de la commissaire aux droits de l’homme du Conseil de l’Europe a aussi dénoncé « des interpellations et placements en garde à vue de personnes souhaitant se rendre à une manifestation sans qu’aucune infraction ne soit finalement caractérisée ni aucune poursuite engagée à l’issue de ces gardes à vue », jugeant que « de telles pratiques constituent de graves ingérences dans l’exercice des libertés d’aller et venir, de réunion et d’expression ».

Enfin, honte suprême, le 6 février 2019, dans un discours solennel prononcé devant le Conseil des droits de l’homme, à Genève, la haut-commissaire aux droits de l’homme des Nations unies (ONU), Michelle Bachelet, réclamait une « enquête approfondie » sur « l’usage excessif de la force » et les violences policières perpétrées, en France, depuis la mi-novembre 2018.

Shame on you, Mr. Macron !

CHAPITRE 5
La police fait la loi

> *« Je vous disais, l'autre jour, que la paix est cette guerre qui admet des actes d'amour et de création dans son processus : elle est donc une chose plus complexe et plus obscure que la guerre proprement dite, comme la vie est plus obscure et plus profonde que la mort. »*
>
> Paul Valéry, *La Crise de l'esprit*, 1919[1].

À propos des « graves ingérences dans l'exercice des libertés d'aller et venir, de réunion et d'expression » dénoncées, le 26 février, par la commissaire aux droits de l'homme du Conseil de l'Europe, Emmanuel Macron a répondu par un bras d'honneur, dès le lendemain, lors d'une conférence de presse commune avec Angela Merkel : « Il appartiendra au ministre de l'Intérieur de répondre point par point sur les recommandations qui sont faites. À ce titre, la meilleure manière d'éviter ces utilisations [dangereuses des

1. Paul Valéry, *La Crise de l'esprit*, Paris, Manucius, 2016, p. 25.

armes dites “de défense intermédiaire”] et ces cas [de graves mutilations] est d’éviter d’avoir des gens qui considèrent que le samedi après-midi est fait pour casser des vitrines, des institutions ou attaquer les forces de l’ordre. Je le dis très simplement, je ne laisserai pas les forces de l’ordre sans aucun moyen, ni d’assurer l’ordre public ni de se défendre face à des gens qui arrivent aujourd’hui armés et avec les pires intentions. »

Il se contentait ainsi, en pleine déconfiture internationale, de faire un écho provocateur – un de plus – à sa menace de la veille vis-à-vis de la « démocratie de l’émeute », comme aux propos délirants du porte-parole du gouvernement, Benjamin Griveaux, fustigeant ceux qui veulent « piller, voler, brûler, violenter, et même tuer les forces de l’ordre ».

« Il appartiendra au ministre de l’Intérieur de répondre point par point sur les recommandations qui sont faites. »

C’est comme si Emmanuel Macron avait appuyé sur un bouton, déclenchant la surenchère de Christophe Castaner qui, au Salon de l’agriculture, n’écoutant que la voix de son maître, dégainait aussitôt, le mercredi 27 février, ses propres provocations : « Les Français souhaitent l’arrêt de ces violences, de ce mouvement des Gilets jaunes. La démocratie, c’est accepter de se parler, c’est pas (*sic*) contester pour contester. Il reste 40 000 manifestants qui, chaque samedi, de façon ritualisée, viennent manifester, soit un peu moins que la moitié du Stade de France qui était réuni (*sic*) pour un match de rugby, samedi après-midi. Et pourtant, systématiquement, il y a de la violence. La question qui se pose, pour les Gilets jaunes, c'est de savoir, au fond, comment ils peuvent sortir de la manifestation? Les Gilets jaunes peuvent participer à ce débat-là [le grand débat national orchestré par le chef de l'État], plutôt que de vouloir assister soit en spectateurs, soit en complices, à des violences qui peuvent se produire chaque semaine dans nos rues.»

Nous savons, depuis, que le «grand débat national» fut un relatif fiasco, 450 000 personnes seulement ayant participé aux 10 300 réunions organisées à grand renfort de communications administrative et médiatique. Quant à la sociologie des participants, les chiffres du Cevipof parlent d'eux-mêmes: ils avaient très majoritairement (65 %) un niveau d'enseignement supérieur, alors que seulement 2 % n'avaient aucun diplôme. De même, si seulement 5 % des moins de 25 ans ont assisté aux débats locaux, ce taux grimpe à 34 % pour les 50-65 ans et 30 % pour les 65-75 ans. Enfin, plus des trois quarts (76 %) des participants étaient propriétaires de leurs logements…

Toutes ces paroles et ces faits, il fallait les relever précisément à leurs dates, pour mémoire. Lorsque ce livre sera en librairie, beaucoup d'autres agissements, peut-être bien pires, seront advenus. C'est prévisible, étant donné l'acharnement du président de la République et du gouvernement à ne résoudre la crise politique majeure dans laquelle ils ont précipité la France que par le mépris et la force.

LOI SCÉLÉRATE

Pour ça, « la force », MM. Macron, Philippe, Castaner et Nuñez se sont armés, au tournant des mois de janvier et février 2019, d'une nouvelle loi sécuritaire, la plus scélérate jamais votée depuis la Libération ; plus scélérate que celle promulguée le 8 juin 1970, dite – déjà ! – « loi anticasseurs » (gouvernement Chaban-Delmas).

Pour documenter l'usage des termes « loi scélérate », rappelons-nous qu'au début de l'affaire Dreyfus, Léon Blum, alors jeune auditeur au Conseil d'État, s'exprime avec passion dans *La Revue blanche* en tirant les conclusions du procès de Zola dans un article signé « Un juriste », publié le 15 mars 1898. Il utilise le même pseudonyme, le 1er juillet suivant, pour signer un nouvel article intitulé « Les Lois scélérates »[1], dans lequel il analyse la genèse de ces lois qui bafouent le principe républicain fondamental de la liberté de pensée et d'expression, faisant le récit détaillé des « séances parlementaires qui ont abouti à leur adoption bâclée sous l'effet d'une panique exploitée sans scrupules[2] ».

L'article du 1er juillet 1898 comprend ce morceau de bravoure qui trouve écho, nous allons le voir, dans

1. Ces trois lois scélérates sont votées les 12 et 18 décembre 1893, puis le 28 juillet 1894. Sur leur ensemble : Émile Pouget, Francis de Pressensé, Léon Blum, *Les lois scélérates de 1893-1894*, Paris, Éditions de La Revue blanche, 1899.

2. Paul-Henri Bourrelier, *La Revue blanche. Une génération dans l'engagement - 1890-1905*, Paris, Fayard, 2007.

notre actualité politique: «Dans le débat [parlementaire], ne trouve-t-on pas tous les grands noms de la République opportuniste? Est-ce que, s'il reste des républicains dans la République, ces hommes-là ne devraient pas pour toujours rester marqués, flétris, honnis? [...] Mais, j'y pense, ce ministère de la loi de 1894, c'est aussi le ministère de l'affaire Dreyfus. Il a vraiment une belle histoire. Je puis le dire: je n'ai pas attendu l'affaire Dreyfus pour haïr la brutalité, pour détester la réaction, le militarisme, l'autoritarisme, pour demander au gouvernement républicain les libertés de la République. [...] Tout le monde avoue que de telles lois n'auraient jamais dû être nos lois, les lois d'une nation républicaine, d'une nation civilisée, d'une nation probe. Elles suent la tyrannie, la barbarie et le mensonge.»

Du grand Léon Blum!

C'est sans surprise que, le mardi 5 février 2019, l'Assemblée nationale a adopté la proposition de loi anticasseurs, par 387 voix contre 92, et 74 abstentions, en première lecture. La grande majorité des députés LaREM, LR, UDI et MoDem a voté pour, alors que l'ensemble de la gauche s'est mobilisé contre. Cinquante députés LaREM se sont tout de même abstenus, un record sur un texte soutenu par le gouvernement. Mais aucun d'entre eux n'a eu le courage de voter contre. D'ailleurs, l'inénarrable patron du groupe majoritaire, Gilles Le Gendre – l'homme «trop intelligent» –, a bien sûr exploité aussitôt cette lâcheté devant la presse : « L'essentiel, c'est qu'il n'y a eu aucun vote contre. »

Dès lors, outre les interdictions de manifester pouvant être prises par les préfets, sous peine de six mois d'emprisonnement et 7 500 euros d'amende, le texte prévoit la possibilité de fouilles pour trouver des « armes par destination », sur seule réquisition du procureur, mais encore le principe du « casseur-payeur ». Examinée au Sénat en deuxième lecture, le 12 mars, le gouvernement souhaitant une adoption définitive rapide, la proposition de loi a été adoptée par 210 voix contre 115 et 18 abstentions, écologistes, socialistes et sénateurs du groupe communiste, républicain, citoyen et écologiste (CRCE) ayant bataillé pied à pied contre ses différentes dispositions[1].

Tous les parlementaires godillots[2], massivement majoritaires, ont donc passé outre aux avertissements de toutes les associations de défense des droits de l'homme, des syndicats et de nombreuses personnalités de haut niveau juridique et moral.

---

1. « [Ce texte] met en péril la liberté de manifester », a dénoncé la présidente du groupe CRCE au Sénat, Éliane Assassi, tandis que l'écologiste Esther Benbassa (EELV) reprochait à la droite sénatoriale et à la majorité présidentielle, « main dans la main », de « faire fi des grandes institutions internationales qui ont récemment dénoncé l'escalade des violences antimanifestants dans notre pays ». « Ce texte présente un risque d'arbitraire. Il peut finalement permettre au préfet, donc au gouvernement, de choisir ses manifestants », a dénoncé Jérôme Durain (PS).

2. « Quels députés ont voté pour la loi "anticasseurs" ? », *Libération*, 6 février 2019.

Pourtant, dès la fin du mois de janvier, Amnesty International, entre autres ONG, alertait : « Le 30 janvier 2019, les députés ont adopté les quatre premiers articles de la proposition de loi dite "anticasseurs", une loi qui restreint surtout arbitrairement le droit de manifester pacifiquement. Loin d'avoir dissipé nos craintes, les amendements votés les ont renforcées. Une majorité de députés a voté pour l'article 2 de la loi, qui donne au préfet, c'est-à-dire à l'autorité administrative, le pouvoir d'interdire à une personne de manifester, sur la base de motifs toujours aussi flous et dangereux, loin du regard de la justice. [...] Une majorité de députés a aussi voté l'article 4 de la proposition de loi, faisant de la dissimulation de tout ou partie du visage un délit pénal. [...] Cela risque d'aboutir à des arrestations arbitraires et de dissuader fortement des citoyens d'exercer leur droit de manifester pacifiquement. »

De François Sureau à Henri Leclerc, en passant par des soutiens d'Emmanuel Macron tels que Jean-Pierre Mignard, les défenseurs des libertés publiques se sont publiquement inquiétés de ce nouveau texte répressif.

De même, le secrétariat général de la Commission nationale consultative des droits de l'homme (CNCDH) a lui aussi mis en garde le législateur, dans ses observations du 29 janvier, sur les risques portés par la proposition de loi : « Si l'objectif est d'interdire aux "casseurs" de manifester, l'arsenal juridique existant y répond déjà. [...] Les pouvoirs publics ne sauraient restreindre encore davantage la liberté de manifester, déjà fortement encadrée, sans porter atteinte à l'un des piliers d'une démocratie vivante. »

Selon l'avocat François Sureau, réputé proche d'Emmanuel Macron, la nouvelle loi anticasseurs est, sans conteste, liberticide : « S'attaquer au droit de manifester en le soumettant au contrôle administratif *a priori*, c'est s'attaquer à la liberté elle-même. S'il y a des casseurs, le droit commun y pourvoit. Réduire les libertés publiques au motif que certains en feraient un mauvais usage, c'est s'engager sur une pente extrêmement dangereuse. Un jour viendra où on tiendra le même raisonnement à propos de la liberté d'association ou de la liberté de la presse. Que veut-on instituer à la fin ? Le permis de manifester, qui ne serait accordé qu'à des manifestants bien propres adoubés par le préfet de police ? Cette loi ne menace pas le délinquant, elle menace le citoyen.[1] »

LE COURAGE DE LA VÉRITÉ

Dans ces jours sous haute tension du débat parlementaire sur la proposition de loi dite « anticasseurs », François Sureau a élevé son alerte à un niveau littéralement prophétique, libérant sa parrêsia (Παρρησία : courage de la vérité)[2]. Dans un entretien publié par

1. *Mediapart*, 3 février 2019.

2. Lire les pages incandescentes de Michel Foucault sur la *parrêsia*, autrement dit sur le « courage de la vérité », issues de son dernier cours au Collège de France (1984) : « La *parrêsia* a pour fonc-

Le Monde, le 4 février[1], l'avocat, qui est aussi écrivain, développa une vision apocalyptique de la dérive autoritaire du régime Macron : « Ici, c'est à la société de liberté elle-même que l'on s'attaque en restreignant le droit de manifester. Au temps des lois antiterroristes, nous avions d'ailleurs été plusieurs à faire remarquer qu'aucun gouvernement ne s'était jamais arrêté en chemin lorsqu'on lui avait donné licence de réduire les libertés. Nous avions prévenu qu'un jour on s'attaquerait aux droits fondamentaux de l'ensemble de la population. Nous y sommes. Aujourd'hui, on vise les Gilets jaunes sous prétexte de réprimer des casseurs que le droit pénal ordinaire permet tout à fait de réprimer. Ce sont les manifestations qu'on veut limiter, pas les actes violents. C'est le citoyen qu'on intimide, et pas le délinquant. [...] Parfois aussi, le gouvernement donne l'impression d'être devenu l'otage de sa propre police. Sa vérité a été donnée par le ministre de l'Intérieur Christophe Castaner, lorsqu'il a expliqué qu'il était à cent pour cent derrière les forces de l'ordre. Nous étions plusieurs à croire naïvement qu'un ministre était plutôt fait pour les commander,

---

tion justement de pouvoir limiter le pouvoir des maîtres. » Michel Foucault, *Le Gouvernement de soi et des autres. Cours au Collège de France 1982-1983*, Paris, Gallimard/Éditions du Seuil, coll. Hautes Études, 2008, et *Le Courage de la vérité. Le Gouvernement de soi et des autres II. Cours au Collège de France 1983-1984*, Paris, Gallimard/Éditions du Seuil, coll. Hautes Études, 2009.

1. « François Sureau : "C'est le citoyen qu'on intimide, et pas le délinquant" », propos recueillis par Solenn de Royer, *Le Monde*, 4 février 2019.

au besoin les contrôler, que pour les suivre. Il n'en est rien. Le gouvernement les suit en effet. Il est devenu leur employé jusqu'au sein des assemblées parlementaires. »

Trois autres grands avocats, défenseurs des libertés fondamentales, interrogés par *Mediapart*, ont exprimé les mêmes inquiétudes fondamentales.

Henri Leclerc, président d'honneur de la Ligue des droits de l'homme (LDH) : « Cette nouvelle loi est une loi de communication. Le ministre de l'Intérieur dit que ce n'est pas une loi de circonstance. C'est un mensonge. [...] Les lois de circonstance sont toujours de mauvaises lois. Parce qu'une loi, ça se réfléchit, ce n'est pas un arrêté ministériel. Les plus célèbres exemples à ce sujet, ce sont les fameuses lois qu'on a appelées les "lois scélérates" de 1893 et 1894, destinées à répondre aux menées anarchistes. L'anarchie a disparu très vite pour des raisons qui n'ont rien à voir avec ces lois, qui, elles, sont restées et n'ont servi qu'à réprimer l'ensemble du mouvement ouvrier pendant tout le XXe siècle. »

Jean-Pierre Mignard, avocat, adhérent de LaREM et membre du Comité consultatif national d'éthique (CCNE) : « Les graves incidents d'ordre public avec la police sont d'abord nés de l'erreur d'appréciation politique du mouvement des Gilets jaunes, que l'on a voulu marginaliser. [...] On doit toujours considérer que c'est le fait, et le fait lui seul, qui doit être punissable. Or cette loi crée un délit de présomption de participation à une manifestation en vue de procéder à des dégradations de biens ou à des violences contre les personnes. Manifester est une liberté fondamentale, comme celle d'aller et de venir. Qui veut-on interdire de manifestation ? Est-ce que ce sont des personnes qui ont des opinions radicales ? Qu'est-ce qu'une opinion radicale ? Une opinion reste une opinion, qu'elle soit radicale, déplaisante, voire insupportable. Il revient au juge, et au juge seulement, de pénétrer sur le terrain des libertés publiques et des droits individuels. Cette loi n'est pas une mesure de droit, c'est une mesure de police. »

Enfin, Patrice Spinosi, avocat au Conseil d'État et à la Cour de cassation : « Je pense que nous vivons en ce moment un glissement très dangereux. On est entrés dans une logique d'exception, en habituant notre société, pendant les presque deux ans qu'a duré l'état d'urgence, à un certain nombre de mesures attentatoires à nos libertés. Il s'agit en particulier de mesures de police administrative, qui tendent à écarter le juge judiciaire, en donnant de plus en plus de pouvoir aux forces de police et au ministère de l'Intérieur, pour contrôler et sécuriser l'espace public. [...] L'exemple le plus typique de cette dérive, dans la loi "anticasseurs", se manifeste avec les interdictions administratives de manifester. Il s'agit très exactement de la réplique de ce qui existait dans le cadre de l'état d'urgence. On avance toujours plus loin dans la logique de justice prédictive. Concrètement, cela est très grave. Petit à petit, on habitue les citoyens à vivre dans un régime de plus en plus contrôlé par le gouvernement, où on donne de plus en plus de pouvoirs et de libertés aux forces de police. [...] Cette dérive sécuritaire n'est pas nouvelle. Elle a été initiée sous le quinquennat de Nicolas Sarkozy, elle s'est perpétuée sous celui de François Hollande et se maintient avec Emmanuel Macron. »

In fine, ni ces personnalités incontestables, ni la Ligue des droits de l'homme (LDH), ni Amnesty International, ni même le troisième syndicat de police français (UNSA Police, 15 % des voix aux dernières élections professionnelles) n'ont réussi à convaincre la majorité que l'interdiction administrative de manifester était une mesure liberticide, digne des « lois scélérates » de 1893-1894 que Léon Blum et Jean Jaurès avaient combattues avec force.

Aussi, en désespoir de cause, le mardi 5 février, dans l'hémicycle de l'Assemblée nationale, faisant face au ministre de l'Intérieur, le député des Insoumis Alexis Corbière, invoquant George Orwell, fustigeait le gouvernement : « Vous nous avez habitués à ce que votre parole exprime exactement l'inverse de ce que vous faites. Fidèles au roman *1984* de George Orwell, vous pratiquez cette novlangue, qui proclamait dans l'ouvrage : “La liberté, c'est l'esclavage !”. Vous nous avez habitués à cet exercice en nous expliquant que faciliter les licenciements créait de l'emploi ; tout à l'heure, Mme la garde des Sceaux nous a déclaré que pour défendre les sources, il fallait le droit de perquisitionner les journaux ; et vous continuez, Monsieur le ministre de l'Intérieur, à nous dire que pour défendre le droit de manifester, il faut le restreindre ! [...] Désormais, une mesure aussi grave que l'interdiction de manifester ne sera plus une décision de justice, rendue par un juge, mais une décision prise par un préfet. Or le préfet est le représentant du gouvernement, c'est-à-dire de l'autorité politique. »

Il continuait, alors, sur le fond indéniablement totalitaire de la politique d'Emmanuel Macron et de ses serviteurs gouvernementaux : « Votre bilan est terrible ! Par la loi pour une immigration maîtrisée et un droit d'asile effectif, vous vous êtes opposés au devoir de solidarité ! Par la loi renforçant la sécurité intérieure et la lutte contre le terrorisme, vous avez gravé dans le droit commun des dispositions relevant de l'état d'urgence ! Par la loi relative à la lutte contre les fausses informations, vous avez restreint la liberté de la presse et la liberté d'expression ! Par la loi relative à la protection du secret des affaires, vous avez remis en cause, notamment, le travail d'investigation des journalistes, la protection des sources et l'anonymat des lanceurs d'alerte ! Votre réforme de la justice s'en prend à la séparation des pouvoirs ! Et cette proposition de loi [anticasseurs] s'ajoute à cette longue liste qui, en toile de fond, dresse un terrible bilan... [...] Voilà où nous en sommes. Cette loi est une loi scélérate ! J'adjure tous ceux qui ont fait entendre leur conscience dans la presse, au-delà de nos rangs, de se prononcer contre cette proposition de loi qui restreint le droit de manifester et de voter contre elle, comme le groupe La France insoumise![1] »

Du grand Alexis Corbière!

VICHY

Le mercredi 30 janvier 2019, dans l'hémicycle de l'Assemblée nationale, lors des débats sur la prétendue « loi anticasseurs », le député centriste Charles de Courson s'est dressé de toute son autorité morale contre l'adoption du texte liberticide. Ses paroles solennelles ont soudain donné une dimension historique vertigineuse à l'actualité politique : « Je parlerai tout à l'heure de l'amendement du gouvernement, mais l'article 2, en l'état, est un monstre juridique. Il réinvente ce qu'on appelait au XIXe siècle les "classes sociales dangereuses[2]" et la présomption de culpabilité. Ce texte est fondamentalement anticonstitutionnel puisqu'une autorité administrative pourra priver un individu de sa liberté de circuler et de manifester au motif qu'il existe une présomption, "des raisons sérieuses de penser", comme il est écrit dans le texte. Mais qui apprécie les raisons sérieuses ? L'autorité

1. Vidéo : https://lafranceinsoumise.fr/2019/02/06/la-loi-anticasseurs-est-une-loi-scelerate-et-liberticide/. Le compte-rendu intégral de la séance : www.assemblee-nationale.fr/15/pdf/cri/2018-2019/20190137.pdf.

2. Allusion au célèbre livre de Louis Chevalier, *Classes laborieuses et classes dangereuses*, Paris, Plon, 1958 ; en Livre de Poche, collection Pluriel, 1978.

administrative. [...] Mais où sommes-nous, mes chers collègues ? C'est une dérive complète. »

À ce moment de son intervention, le député de la Marne, par ailleurs vice-président de la commission des finances de l'Assemblée nationale, procéda sciemment à un électrochoc historique : « On se croit revenu sous le régime de Vichy. [Vives protestations sur les bancs du groupe LaREM]. Mais oui, mes chers collègues, je persiste : le régime de Vichy ; vous êtes présumé résistant, donc on vous enferme. Mais où sommes-nous ? Réveillez-vous, mes chers collègues ! [Une députée du groupe LaREM : "Arrêtez les violons !"] Non, ce n'est pas du violon, chère madame. [...] C'est une pure folie que de voter ce texte. [Applaudissements sur les bancs des groupes LT, FI et GDR ainsi que sur plusieurs bancs du groupe UDI-Agir, sur quelques bancs du groupe LaREM et parmi les députés non inscrits][1] »

Bien entendu, un tel discours fut aussitôt l'objet de railleries, gloussements et autres manifestations vulgaires de la part d'un paquet de députés de la majorité.

Heureusement, le parrêsiaste François Sureau, dans son entretien publié par *Le Monde*, leur régla le compte qu'ils méritaient : « J'ai eu un serrement de cœur, je l'avoue, lorsque j'ai vu cinquante nains de

1. Assemblée nationale. Compte rendu intégral des séances du mercredi 30 janvier 2019 : www.assemblee-nationale.fr/15/pdf/cri/2018-2019/20190131.pdf.

jardin ricaner en entendant M. de Courson les mettre en garde. Un abîme se creusait entre deux mondes, non pas l'ancien, opposé au nouveau, mais celui de la conscience, opposé à celui de l'inconscience. J'espère au moins qu'on avait promis des places aux siffleurs, sans cela ce serait trop triste. Un moment fugitif, dans cette assemblée de suce-pieds, la liberté a pris le visage de ce vieil enfant têtu qui parlait d'honneur, un visage venu d'un autre temps, d'une autre France peut-être. Au diable ceux qui y verront de la littérature, il leur reste du chemin à faire pour aimer la liberté.[1] »

« La liberté a pris le visage de ce vieil enfant têtu qui parlait d'honneur… »

J'ai eu la chance, cher Christophe Dettinger, de connaître Charles de Courson. C'était en novembre 2013[2]. J'ai pu mesurer, alors, l'authenticité de l'esprit résistant du député centriste. Prix de l'éthique 2012 de l'association Anticor (« anticorruption »), pour son action en faveur de l'obligation de fournir des justificatifs en matière de frais professionnels par les députés, l'élu de la Marne mettait alors délibérément les pieds dans le plat : « Je connais le monde de l'argent, j'en suis issu, j'en connais les limites. En politique, il ne faut pas succomber aux pressions, y compris celles

1. « François Sureau : "C'est le citoyen qu'on intimide, et pas le délinquant" », art. cité.

2. Laurent de Boissieu, et Antoine Peillon, « Charles de Courson, politique sans peur et sans reproche », *La Croix*, 22 novembre 2013 : www.la-croix.com/Actualite/France/Charles-de-Courson-politique-sans-peur-et-sans-reproche-2013-11-22-1064877.

de vos amis qui veulent vous faire faire des choses contraires à vos convictions et à vos consciences. »

Par ailleurs, j'ai compris, à cette belle occasion, à quel point la mémoire des actes héroïques de ses ascendants structurait toute l'action publique de Charles de Courson et son sens brûlant de l'honneur. Élu et constamment réélu à l'Assemblée nationale depuis 1993, Charles-Amédée du Buisson de Courson a, c'est vrai, de qui tenir : son grand-père maternel, Léonel de Moustier, vota contre les pleins pouvoirs à Pétain, en 1940, et mourut en déportation[1] ; sa grand-mère paternelle, Germaine Charlotte Lhuillier, est décédée en déportation le 29 mars 1945, à Bergen-Belsen ; son père, le comte Aymard de Courson, fut un résistant héroïque dès 1940…

Le député de la Marne pense souvent à lui, ce pilier du réseau de renseignement anglais Prosper, arrêté par les Allemands, torturé et qui a réussi à s'évader. Quand il évoque cette époque, l'émotion gagne Charles de Courson pendant quelques secondes : « Mon père n'arrivait pas à parler de son histoire. Sa mère en était morte. Arrêtée, torturée, internée,

1. Entré dès 1940 en résistance, ouvrant les portes de son château de Bournel aux évadés, aviateurs britanniques et américains abattus, réfractaires au STO, Léonel de Moustier structure un réseau de renseignement, au bénéfice de l'Intelligence Service britannique, devient chef militaire de l'Organisation de résistance armée (ORA) dans l'arrondissement de Baume-les-Dames. Arrêté par la Gestapo en août 1943, déporté à Neuengamme, près de Hambourg, il y refuse le traitement de faveur que les Allemands lui proposent et meurt en mars 1945.

déportée en Allemagne, d'où elle n'est jamais revenue. Le seul souvenir que mon père avait de sa mère était ses lunettes, ramenées par d'autres déportés. »

Enfin, Charles de Courson n'occulte jamais le sens métaphysique de son engagement politique. Parmi les « deux-trois choses qui sont des preuves de l'existence de Dieu », outre la Création et l'amour, il cite la « capacité des hommes à faire le bien, mais aussi à faire le mal ». Il estime de ce point de vue que « les trois tentations de l'être humain, ce sont les trois tentations du Christ : la tentation économiste, matérialiste ; la tentation du pouvoir ; la tentation de se prendre pour Dieu, ce qui conduit au mal absolu : Mao, Staline, Hitler ».

Mais, en ce point des motifs fondamentaux de l'intervention fracassante du député centriste, lors de la séance du 30 décembre 2018, les siffleurs et ricaneurs parmi les députés godillots de la soi-disant République en marche sont-ils encore capables de suivre ?

ANTISÉMITISME

« Le mal absolu… »

Ces trois mots de Charles de Courson qualifient, pour moi, la profanation à laquelle se sont livrés les suppôts du régime Macron-Philippe-Castaner en accusant à tort et à travers, et de façon récurrente, presque obsessionnelle, le mouvement des Gilets jaunes d'antisémitisme.

Voici donc des faits et des déclarations dont il est important de mesurer la pertinence et le sens de la mesure.

Le premier événement a eu lieu samedi 22 décembre 2018, le matin, au pied du Sacré-Cœur, à Paris. Des manifestants portant des gilets jaunes ont été filmés en train de faire des « quenelles » et d'entonner une chanson du polémiste antisémite Dieudonné. La « quenelle » est un geste et une expression loin d'être neutres : l'ancien humoriste l'a inventé en 2009, lorsqu'il menait une liste antisioniste pour les élections européennes. Il s'agissait alors de « glisser une petite "quenelle" dans le fond du fion du sionisme »…

Ignoble violence verbale !

Je me suis battu pendant de nombreuses années, contre l'antisémitisme et tous les racismes, quels qu'ils soient. À mes risques et périls et à ceux de ma famille, de mes enfants. Je n'entrerai pas dans le détail.

Et je ne tolérerai jamais la moindre parole ni le moindre acte antisémite. Mais je n'accepte pas plus et n'accepterai jamais une quelconque instrumentalisation, surtout politicienne, de la lutte contre cette « peste ».

En réaction aux premiers et insupportables dérapages du 22 décembre, le Premier ministre, Édouard Philippe, a affirmé, le dimanche matin suivant, sur Twitter, qu'« il est hors de question de banaliser de tels gestes qui doivent faire l'objet d'une condamnation unanime et de sanctions pénales». Le porte-parole du gouvernement Benjamin Griveaux a lui aussi dénoncé ces dérives, avec le sens de la mesure que nous lui connaissons. «Donc, "on" lynche des policiers, "on" chante la quenelle de Dieudonné à Montmartre, "on" reprend les codes des années 1930 pour renverser la République, "on" décapite l'effigie du président... Derrière ces "on", un seul visage, lâche, raciste, antisémite, putschiste. Stop.», a-t-il twitté. Le ministre de l'Intérieur, Christophe Castaner, a fustigé, quant à lui, «certains [qui] continuent à venir manifester, animés par la haine des institutions».

Par ailleurs, une enquête a été ouverte sur le chef d'«injures publiques en raison de la race ou de la religion et contestation de crime contre l'humanité», après qu'une vieille dame a été verbalement agressée dans le métro parisien, le même samedi 22 décembre, au soir, par trois personnes portant des gilets jaunes. Ces derniers auraient crié «Macron démission», raconte sur Twitter Thibaut Chevillard, journaliste à *20 Minutes* et témoin des événements. Ils auraient fait ensuite le geste de la «quenelle». Le récit médiatisé est terrible: «Une dame âgée se lève alors et leur demande d'arrêter, leur dit qu'elle est juive et ancienne déportée à Auschwitz. Ils lui répondent en lui disant de dégager et tiennent des propos négationnistes.»

Le problème, l'énorme problème, c'est que «la vieille dame du métro n'a pas voulu porter plainte et qu'elle conteste que les pochtrons imbéciles qu'elle avait chapitrés aient prononcé des mots antijuifs »[1].

Le 11 février, hors de toute circonstance liée aux Gilets jaunes que tous avaient pourtant en tête, Christophe Castaner affirmait : « L'antisémitisme se répand comme un poison. » Il dénonçait, au même instant, la « hausse de 74 % » des actes antisémites en France, en 2018 (541 faits recensés), par rapport à 2017 (311).

Le même jour, le ministre de la Culture, Franck Riester, scandait, sur Twitter : « Jamais nous ne céderons face à l'antisémitisme, face à ceux qui, par leur haine et leur ignorance, salissent la République. »

Le 16 février, l'ex-philosophe Alain Finkielkraut a été violemment pris à partie à Paris sur le boulevard du Montparnasse par des Gilets jaunes qui l'ont hué. Sur la vidéo, on peut voir un manifestant barbu hurler : « Barre-toi sale sioniste de merde ! » ; « T'es un raciste, casse-toi ! » ; « T'es un haineux et tu vas mourir » ; « Le peuple va te punir » ; « Rentre chez toi en Israël » ; « La France est à nous ».

Le soir même, Bernard-Henri Lévy twittait : « En France, en 2019, des nazillons agressent un écrivain français aux cris de "Rentre à Tel-Aviv" et de "Nous sommes le peuple". Puisse cette scène hallucinante pulvériser les derniers restes de l'impunité

1. Claude Askolovitch, « La défense des juifs, ultime morale des pouvoirs que leurs peuples désavouent », *Slate*, 26 décembre 2018.

médiatique dont jouissaient les #GiletsJaunes... » Christophe Castaner, *via* le même réseau social, déclarait : « Un déferlement de haine à l'état pur que seule l'intervention de la police a interrompu. Assister à une telle scène à Paris, en 2019, est tout simplement INTOLÉRABLE. » Emmanuel Macron suivait : « Les injures antisémites dont il a fait l'objet sont la négation absolue de ce que nous sommes et de ce qui fait de nous une grande nation. Nous ne les tolérerons pas. » Benjamin Griveaux, le porte-parole du gouvernement, enchérissait, une fois de plus : « La haine à l'état brut dans les rues de Paris contre Alain #Finkielkraut hué aux cris de "sale Juif". La bête immonde tapie dans l'anonymat d'une foule. Ceux qui insultent ont le visage découvert. J'espère qu'ils seront identifiés, poursuivis et lourdement condamnés. »

Le 18 février, Bernard-Henri Lévy déclarait, au micro d'Europe 1 : « On ne peut malheureusement pas dire que l'antisémitisme est aux marges du mouvement [des Gilets jaunes], c'est le cœur du mouvement. » Selon lui, aussi, les slogans antisémites relevés sur les réseaux sociaux, en général, sont « l'aboutissement de la violence contre les journalistes, contre les policiers, contre la représentation nationale qui a commencé dès le premier acte de ce mouvement ».

Alain Finkielkraut aurait été traité de « sale Juif », donc, comme l'a soutenu Benjamin Griveaux, le porte-parole du gouvernement, le soir du 16 février...

Sauf que l'ex-philosophe a lui-même affirmé ne pas avoir entendu « sale Juif » parmi les insultes qui lui ont été lancées et qu'il n'a, d'ailleurs, pas porté plainte !

La suspicion d'antisémitisme des Gilets jaunes avait dès lors atteint son comble.

Et, bien entendu, d'autres faits n'ont bénéficié d'aucune couverture médiatique, ni de tweets sympathiques de la part de MM. Bernard-Henri Lévy, Christophe Castaner, Benjamin Griveaux ou Emmanuel Macron.

Ainsi, par exemple, le 12 janvier, des Gilets jaunes ont expulsé un groupe d'individus autoproclamés « judéophobes » d'une manifestation, près de l'Arc de triomphe, à Paris. À Commercy (Meuse), le 27 janvier, des délégations de Gilets jaunes venues de toute la France ont lancé un appel commun dans lequel elles déclarent n'être « ni racistes, ni sexistes, ni homophobes ». Le dimanche 17 février, le groupe « Gilets jaunes Union Île-de-France » publiait un communiqué condamnant « toutes formes de racisme ». Le même jour, un autre collectif appelait à un rassemblement « contre l'antisémitisme et tous les racismes », le mardi 19 février au soir, place de la République, à Paris…

Il faut sans doute être juif, MM. Bernard-Henri Lévy, Christophe Castaner, Benjamin Griveaux ou Emmanuel Macron, pour vous dire en face que votre propagande anti-Gilets jaunes, instrumentalisant la lutte contre l'antisémitisme, est une faute morale, puisque vous prenez ainsi « la condition juive » en otage.

Le journaliste Claude Askolovitch a, lui aussi, compris la perversité de votre « discours » : « Il [votre discours] fabriquera l'horreur, s'il apparaît qu'effectivement la question juive est le prétexte des gouvernants contre les réfractaires, si, pour disperser cette révolte qui l'empoisse, les beaux chevaliers de la forteresse assiégée du pouvoir m'empoignent, moi, juif, et m'utilisent comme leur arme suprême, me jettent à la figure des enragés. La haine, alors, viendra.[1] »

Vous *jouez*, MM. Bernard-Henri Lévy, Christophe Castaner, Benjamin Griveaux ou Emmanuel Macron, par votre propagande sans conscience, avec « le mal absolu », pour reprendre les mots de Charles de Courson.

Claude Askolovitch l'a écrit encore, à sa belle façon : « Réalise-t-on quel malheur nous préparons – je parle en juif –, si nous venons à penser que dans notre pays, seuls les riches nous agréeraient, si nous oublions que ce peuple mal embouché nous cacha, jadis, quand les élites prêtaient serment à Pétain ?[2] »

À propos de l'incident du 16 février, concernant Alain Finkielkraut, lequel n'a jamais été traité de « sale Juif »[3], comme l'avait précipitamment et

---

1. Claude Askolovitch, « La défense des juifs, ultime morale des pouvoirs que leurs peuples désavouent », art. cité.

2. Claude Askolovitch, « La défense des juifs, ultime morale des pouvoirs que leurs peuples désavouent », art. cité.

3. Alain Finkielkraut a lui-même affirmé ne pas avoir entendu « sale Juif » parmi les insultes qui lui ont été lancées. Il n'a, d'ailleurs, pas porté plainte !

haineusement clamé le champion de la post-vérité, par ailleurs porte-parole du gouvernement, Benjamin Griveaux, oui, à propos de cet événement monté en épingle médiatique jusqu'à la nausée, qu'avez-vous fait, réellement, M. Castaner ? Vous avez fait identifier, arrêter et mettre en garde à vue prolongée « un homme barbu », originaire de Mulhouse, le surlendemain. L'individu, devenu ennemi public numéro un le temps d'une communication de crise, était aussi connu pour « évoluer dans la mouvance salafiste », selon les informations distillées par la police aux médias à sensation. Bien entendu, le fidèle parquet de Paris a annoncé, dès le dimanche 17 février, l'ouverture d'une enquête pour « injure publique en raison de l'origine, l'ethnie, la nation, la race ou la religion, par parole, écrit, image ou moyen de communication électronique ».

Et ensuite ?

Le dénommé Benjamin W., qui se fait parfois appeler « Souleyman », ou « Slim », âgé de 36 ans, sera jugé le 22 mai 2019, à Paris. Il est d'ores et déjà prévisible que son procès ne pourra déboucher sur une condamnation sérieuse, ce personnage douteux ayant nié, à juste titre, depuis le début de sa garde à vue, avoir tenu des « propos antisémites », même s'il a reconnu avoir proféré des « propos antisionistes ».

Au regard des faits, comment le motif d'ouverture d'une enquête par le parquet de Paris – « injure publique en raison de l'origine, l'ethnie, la nation, la race ou la religion » – est-il justifiable ? Comment, surtout, le message du porte-parole du gouvernement est-il supportable ?

Comment, surtout, ce message du porte-parole du gouvernement est-il supportable : « La haine à l'état brut dans les rues de Paris contre Alain #Finkielkraut hué aux cris de "sale Juif". La bête immonde tapie dans l'anonymat d'une foule… » ?

ÉPILOGUE
Malédiction

> *« Les mendiants, les tanneurs, les faucheurs, les pauvres bougres regardent, ils regardent ! Et que voient-ils ? Ils voient le petit homme sous le grand fardeau. Ils voient un homme comme eux, corps entravé. Que c'est petit un homme, c'est fragile et violent, inconstant et sévère, énergique et rempli d'angoisse. Un regard. Un visage. Une peau. »*
>
> Éric Vuillard, *La Guerre des pauvres*[1]

Cher Christophe Dettinger, votre procès avait commencé à 14 h 50, le mercredi 13 février, à Paris. Vous étiez vêtu d'une chemise blanche. Comme un camisard.

Après une heure d'explications, de votre part, de questions et de commentaires, de la part de la présidente du tribunal, vous résumez ainsi votre évaluation

1. Éric Vuillard, *La Guerre des pauvres*, Arles, Actes Sud, 2019.

de ce qu'il s'est passé, le samedi 5 janvier, sur la passerelle Léopold-Sédar-Senghor : « J'ai voulu empêcher une injustice, j'en ai commis une autre. »

Vous avez parlé de vous, avec sincérité : « Toute ma vie, depuis que je suis gamin, j'essaie d'être quelqu'un de bien : un bon père, un bon ami, un bon mari, un bon employé. Si je peux donner un coup de main, je le fais. Combien de fois je me suis arrêté pour aider quelqu'un à changer sa roue. Je donne un coup de main aux personnes en difficulté. J'ai juste un souhait, c'est de rentrer chez moi, avec ma famille. Je reconnais tous les faits, mais la personne qu'on montre du doigt, ce n'est pas la même personne que moi. Je ne suis pas quelqu'un de méchant. »

Tous les témoignages recueillis par la justice ont confirmé votre altruisme. Et la présidente du tribunal a raconté : « Il y a beaucoup de lettres de soutien. Je crois qu'il y en a deux caisses qui sont arrivées aujourd'hui, à l'heure du déjeuner. On dit que vous êtes quelqu'un de bien, de gentil… Toutes les lettres vont dans le même sens. »

Vous incarnez, cher Christophe Dettinger, la « décence commune » si chère à George Orwell.

Vous avez confirmé que, lors de la perquisition, chez vous, « les policiers ont bien saccagé [votre] maison ». « Ils ont cassé les jouets des enfants », avez-vous aussi précisé. Vous m'en avez parlé, aussi, avec Karine, votre épouse, et j'ai compris la profondeur de votre indignation.

ATTEINTE À L'AUTORITÉ ET À L'IMAGE DE L'ÉTAT

Bien entendu, les avocats des parties civiles ont tenté de vous enfoncer, n'hésitant pas à lancer des accusations outrancières.

Jean-Philippe Morel, avocat de APNM Gendarmes & Citoyens : « Monsieur Dettinger a tout simplement voulu casser du flic. »

Thibault de Montbrial a joué sa partition sur le registre du mépris et de la dramatisation, sans éviter une certaine vulgarité d'expression : « La version de Dettinger, c'est de dire : "Oh là là, j'ai pris ce gaz, j'ai ouvert les yeux, j'ai vu ma femme et mon amie, et, en ouvrant les yeux, je vois cette chose terrible, cette jeune femme en rouge se prendre des multiples coups de matraque…" Ensuite Monsieur Dettinger adopte tous les codes de celui qui va aller à la castagne. Il crache, il roule des épaules. Il faut que chacun se reprenne, sinon nous allons avoir un drame. Reprenez-vous les uns les autres, sinon dans les jours, les semaines qui viennent, il va y avoir un mort. »

L'avocat du syndicat Unsa Police et du Syndicat des commissaires de la police nationale s'est laissé aller : « Dans le cas de M. Dettinger, il ne s'agit pas de simples violences mais de barbarie (*sic*). On est dans la volonté délibérée de provoquer le chaos. M. Dettinger a tout simplement voulu casser du flic. Son attitude est celle d'un boxeur, plein de haine, pleine de rage. Ses actes sont d'une violence inouïe. M. Dettinger, vous avez non seulement sali le monde de la boxe, mais aussi celui du mouvement des Gilets jaunes. Vous êtes, M. Dettinger, un homme rempli de haine qui s'en prend à un flic au sol. Le droit de manifester n'est pas le droit de blesser ou de tuer. »

Anne-Laure Archambault, agent judiciaire de l'État, a expliqué : « Du fait de la gravité exceptionnelle des faits qui sont poursuivis, l'État intervient pour demander la réparation de son préjudice moral. L'État se constitue partie civile, car ces faits d'une gravité extrême ont porté une indéniable atteinte à l'autorité et à l'image de l'État. »

Votre combat contre les forces de répression, Christophe Dettinger, aurait porté « une indéniable atteinte à l'autorité et à l'image de l'État ».

Mais de quel État s'agit-il encore ? Celui, à l'appétit d'ogre, brocardé, en 1935, par un Paul Valéry qui voit venir la catastrophe : « L'État, c'est-à-dire l'organisation de plus en plus précise, étroite, exacte, qui prend à l'individu toute la portion qu'il veut de sa liberté, de son travail, de son temps, de ses forces et, en somme, de sa vie…[1] » ?

Après la fin des plaidoiries des avocats, le délibéré ne fut pas très long. Vous avez été condamné à un an de prison ferme, aménageable en semi-liberté, et à 18 mois de sursis avec mise à l'épreuve. Le tribunal vous a également condamné à une interdiction de séjour à

1. Paul Valéry, « Le bilan de l'intelligence » (conférence du 16 janvier 1935), dans *Variété III*, Paris, Gallimard, 1936, en collection Folio Essais, 2002, p. 288.

Paris, pour une durée de six mois, et à indemniser vos victimes, respectivement à hauteur de 2 000 et 3 000 euros.

Le procureur avait requis trois ans, dont un de sursis avec mise à l'épreuve, et demandé le maintien en détention.

Vous purgez votre peine dans un centre de détention en semi-liberté situé à Corbeil-Essonnes.

« Ils voient le petit homme sous le grand fardeau. Ils voient un homme comme eux, corps entravé. »

Linda Kebbab, déléguée nationale du Syndicat Unité SGP Police FO, a convenu que celle-ci avait une dimension politique et qu'elle était donc aggravée en conséquence : « Oui, c'est une réponse politique, parce qu'elle [la condamnation] reste malgré tout supérieure à ce que les forces de l'ordre ont l'habitude de rencontrer (*sic*) quand elles sont atteintes par la violence. Malheureusement, nous avons l'habitude de voir des peines bien moindres que celle-ci. »

Quant à nous, citoyennes, citoyens, nous avons l'habitude de voir des peines plus fortes non effectuées, parce que les délinquants condamnés sont des « cols blancs ».

Le mercredi 16 janvier 2019, l'ancien ministre sarkozyste de l'Intérieur Claude Guéant a été définitivement condamné (Cour de cassation) à deux ans de prison, dont un ferme, 75 000 euros d'amende, ainsi qu'à une interdiction d'exercer toute fonction publique pendant cinq ans, pour complicité de détournement de fonds publics et recel. Cependant, sa demande d'un aménagement de peine, voire d'une libération conditionnelle due à son âge, a toutes les chances d'être satisfaite.

Le jour même de votre condamnation – ici tout est symbole ! –, et de votre retour en prison, cher Christophe, le mercredi 13 février 2019, Jérôme Cahuzac, l'ex-ministre condamné pour fraude fiscale, en mai 2018, à quatre ans de prison, dont deux avec sursis – une peine prononcée sans mandat de dépôt –, voyait sa demande d'aménagement de peine acceptée par un juge d'Ajaccio. Il restera donc très certainement en liberté.

À juste titre, *Libération* commentait : « Les cols blancs font rarement de la prison. Les rares peines de prison ferme prononcées sont souvent si faibles qu'elles ont de grandes chances d'être aménagées. Si on avait relevé plusieurs cas de délinquants économiques et financiers passés par la case prison, il s'agissait le plus souvent d'entrepreneurs et chefs d'entreprise, mais pas de politiques…[1] »

Mais vous, Christophe Dettinger, votre col de travailleur est de couleur bleue. Comme celle d'un ciel d'été.

Et vous partagez, depuis votre sortie de Fleury-Mérogis, ce ciel avec votre famille. Un ciel de courage et d'amour, de solidité et de dignité. De décence commune, encore et toujours. Le 4 mars, votre épouse, Karine, nous donnait ainsi de vos nouvelles :

1. Pauline Moullot, « Condamnation de Guéant : des hommes politiques ont-ils déjà fait de la prison ? », *Libération*, 21 janvier 2019.

« Christophe va bien. Il se rend tous les soirs comme convenu au centre de détention. Nous profitons des quelques heures autorisées, ensemble, avec nos enfants, sachant que ce sont encore les vacances scolaires ici ! Christophe prend le temps de lire toutes les lettres. Les courriers reçus à Fleury ont été ouverts par le service pénitenciaire. Les adresses d'expédition ne sont pas complètes pour certaines et il ne peut donc pas répondre. Néanmoins, sachez que nous sommes très touchés et émus par vos marques de sympathie, des contributions et aides financières, des dessins des petits, des illustrations des grands, des livres, des cadres, des CD reçus *via* la boîte postale. Encore MERCI pour votre soutien ! ♥ Force et honneur (On garde les bonnes habitudes ☺) »

Oui, Christophe et Karine, vous gardez les bonnes habitudes.

Pourtant, votre quotidien est injustement éprouvant. Depuis que vous êtes sorti de Fleury-Mérogis, le 20 février, pour accomplir votre peine de prison ferme, certes aménageable en semi-liberté, votre vie se résume en deux mots : travail et prison. Car, durant la semaine, vous sortez à 7 heures du matin du centre de semi-liberté de Corbeil-Essonnes, afin d'arriver à 8 heures au travail, à la mairie d'Arpajon (Essonne), où vous restez jusqu'à 17 h 30, avant de regagner directement la prison à 18 h 30 au plus tard.

Lors des après-midi des deux jours du week-end, alors que des membres de votre famille et des amis vous rendent visite, vous regardez l'horloge de votre smartphone toutes les dix minutes de crainte de vous mettre en retard pour le retour au centre de détention… Au journaliste de RTL, Vincent Serrano, qui s'est entretenu avec vous, à la mi-mars, vous avez affirmé : « Je suis Gilet jaune et je resterai Gilet jaune. » Vous vous êtes même exclamé : « Vive les Gilets jaunes ! »

Est-ce la raison pour laquelle, le jeudi 21 mars, la mairie d'Arpajon vous a brutalement « mis à pied ». C'est en revenant de votre pause déjeuner que vous avez reçu une lettre, en main propre, qui vous signifiait votre suspension immédiate, dans l'attente d'une procédure disciplinaire. « C'est la double peine », a protesté votre avocate, Maître Laurence Léger : « Il savait qu'il y aurait une procédure disciplinaire. C'était inévitable, puisqu'il est fonctionnaire, mais pourquoi le suspendre d'un coup, alors qu'il n'y a eu aucun incident sur son lieu de travail ? Sa médiatisation a peut-être agacé… »

LE MÉPRIS

Parlant de vous, cher Christophe, lors de votre procès, le grand avocat Henri Leclerc, président d'honneur de la Ligue des droits de l'homme (LDH), a dit avec franchise : « J'ai vu cet homme à la prison. Je ne suis pas un tout jeune avocat, je peux me tromper […] J'ai vu un homme simple, un homme du peuple, qui s'est cultivé, pour progresser. J'ai vu un homme qui était bouleversé par ce qu'il avait fait. Cet homme, je peux dire tranquillement qu'il est adoré partout. »

« Que c'est petit un homme, c'est fragile et violent. »

Maître Henri Leclerc est aussi revenu sur ces mots d'Emmanuel Macron : « Ce type, il n'a pas les mots d'un boxeur gitan. » Et les a commentés : « C'est quelque chose qui m'a choqué et choqué cet homme. »

« Cet homme... »

Le mépris de la vérité n'a d'égal, chez Emmanuel Macron, que son mépris des femmes et des hommes du « commun », du « peuple », donc des Gilets jaunes, donc de vous, Christophe Dettinger.

Aucun homme politique, devenu *a fortiori* président de la République, n'a jamais prononcé autant de paroles méprisantes, blessantes, humiliantes, vis-à-vis de ses concitoyens.

En établissant le florilège de ces déclarations arrogantes, j'ai été pris d'un certain vertige.

Le 17 septembre 2014, première interview en tant que ministre de l'Économie, au micro d'Europe 1, à propos des employées de l'abattoir de porcs Gad (Finistère), en liquidation judiciaire : « Il y a dans cette société [Gad], une majorité de femmes ; il y en a qui sont pour beaucoup *illettrées.* »

Le 15 octobre 2014, présentant son projet de développement du transport en autocar, il explique : « Les *pauvres* qui ne peuvent pas voyager voyageront plus facilement [...] parce que l'autocar, c'est 8 à 10 fois moins cher. »

Le 27 mai 2016, lors d'un déplacement à Lunel, dans l'Hérault, où il se rendait pour visiter une école du numérique, Emmanuel Macron a ce vif échange avec deux grévistes cégétistes: «Vous n'allez pas me faire peur avec votre tee-shirt. La meilleure façon de *se payer un costard*, c'est de travailler.»

Le 29 juin 2017, à l'inauguration de la Station F, le plus grand incubateur de start-up du monde, installé dans la halle Freyssinet, à Paris, devant un parterre d'entrepreneurs, le chef de l'État déclare: «Une gare, c'est un lieu où l'on croise les gens qui réussissent et *les gens qui ne sont rien.*»

Le 8 septembre 2017, alors qu'une manifestation se prépare contre la loi Travail, le président est en déplacement à l'École française d'Athènes. Il lâche, devant la communauté française: «Je serai d'une détermination absolue et je ne céderai rien, ni aux *fainéants*, ni aux *cyniques*, ni aux *extrêmes*. Et je vous demande d'avoir, chaque jour, la même détermination.»

Le 4 octobre 2017, lors d'un déplacement à Égletons (Corrèze), au cours d'un aparté avec le président de la Région Nouvelle-Aquitaine, Alain Rousset, qui évoquait les difficultés à recruter d'une entreprise de fonderie d'Ussel (Corrèze), Emmanuel Macron estime que «certains, au lieu de *foutre le bordel*, feraient mieux d'aller regarder s'ils ne peuvent pas avoir des postes là-bas, parce qu'il y en a qui ont les qualifications pour le faire et ce n'est pas loin de chez eux».

Le 12 juin 2018, Emmanuel Macron répète face à ses conseillers le discours qu'il tiendra le lendemain au congrès de la Mutualité, à Montpellier, sur la pauvreté, les inégalités, les aides sociales et le reste à charge en matière de soins. La vidéo est mise en ligne par sa conseillère en communication. Le chef de l'État évoque alors les minima sociaux: « On met trop de pognon, on déresponsabilise et on est dans le curatif. [...] La politique sociale... Regardez: *on met un pognon de dingue dans les minima sociaux* et les gens sont quand même pauvres. On n'en sort pas. Les gens qui naissent pauvres ils restent pauvres. Ceux qui tombent pauvres ils restent pauvres... »

Le 24 juillet 2018, s'exprimant pour la première fois sur l'affaire Benalla déjà mal engagée, devant les députés LaREM réunis à huis clos à la Maison de l'Amérique latine (Paris) pour un pot de fin de session, Emmanuel Macron fanfaronne: « On ne peut pas être chef que par beau temps. S'ils veulent un responsable, il est devant vous. *Qu'ils viennent le chercher.* Et ce responsable, il répond au peuple français, au peuple souverain. »

Le 29 août 2018, le chef de l'État est en déplacement au Danemark. Devant la reine, il compare les Danois aux Français: « Ce qui est possible est lié à une culture, un peuple marqué par son histoire. Ce peuple luthérien, qui a vécu les transformations des dernières décennies, n'est pas exactement *le Gaulois réfractaire au changement.* »

Le 16 septembre 2018, pendant les Journées du patrimoine, dans les jardins de l'Élysée, un jeune de 25 ans explique au président qu'il ne trouve pas de travail dans son secteur, l'horticulture. Emmanuel Macron lui répond: « Si vous êtes prêt et motivé, dans l'hôtellerie, le café, la restauration, ou dans le bâtiment, [...] *je traverse la rue,* je vous en trouve ! Ils veulent simplement *des gens qui sont prêts à travailler,* avec les contraintes du métier. »

Le 31 décembre 2018, évoquant la représentation accordée par les chaînes d'information en continu à certains Gilets jaunes, le chef de l'État ironisait : « Jojo avec un gilet jaune a le même statut qu'un ministre ou un député... »

Mon ami Guillaume Duval, rédacteur en chef d'*Alternatives économiques,* a recensé quelque trente-cinq « sorties » du même tonneau, parfois surréalistes ! En bref :

« Je ne suis pas là pour protéger les jobs existants » (décembre 2014) ; « Il faut des jeunes Français qui aient envie de devenir milliardaires » (janvier 2015) ; « Si j'étais chômeur, je n'attendrais pas tout des autres. J'essaierais de me battre d'abord » (février 2015) ; « Je pense qu'il y a une politique de fainéants, et il y a une politique d'artisans. Moi, je suis avec les artisans » (février 2015) ; « Les salariés français sont trop payés » (mars 2015) ; « Les jeunes veulent être entrepreneurs, pas fonctionnaires » (septembre 2015) ; « Je ne vais pas interdire Uber et les VTC, ce serait les renvoyer vendre de la drogue à Stains » (novembre 2016) ; « Le chômage de masse, en France, c'est parce que les travailleurs sont trop protégés » (février 2017) ; « Une *start-up nation* est une nation où chacun peut se dire qu'il pourra créer une start-up. Je veux que la France en soit une » (avril 2017) ; « Je n'aime pas le terme de pénibilité. Donc, je le supprimerai, car il induit que le travail est une douleur» (juillet 2017) ; «Je crois à la cordée. Il y a des hommes et des femmes qui réussissent parce qu'ils ont du talent, je veux qu'on les célèbre. Si on commence à jeter des cailloux sur les premiers de cordée, c'est toute la cordée qui dégringole» (octobre 2017) ; «Je dis aux jeunes : "Ne cherchez plus un patron, cherchez des clients."» (juin 2018) ; à un adolescent : «Si un jour tu veux faire la révolution, tu apprends d'abord à avoir un diplôme et à te nourrir toi-même» (juillet 2018) ; «Les gens en situation de difficulté, on va davantage les responsabiliser, car il y en a qui font bien et il y en a qui déconnent» (janvier 2019)...

PLUS ROYALISTE QUE LE ROI

Il n'y a aucun mystère, en réalité, sur les tenants et les aboutissants du mépris de classe d'Emmanuel Macron.

Les bonnes fées de toute sa carrière politique sont les réseaux affairistes des hauts fonctionnaires (surtout des Finances) qui pantouflent et rétropantouflent dans le privé (surtout les banques d'affaires), aux plus hauts niveaux de responsabilité et de rémunération. Les excellents livres de Vincent Jauvert, de Laurent Mauduit, des Économistes atterrés, ou des époux Pinçon-Charlot en ont fait la démonstration la mieux documentée[1].

---

1. Vincent Jauvert, *Les Intouchables d'État. Bienvenue en Macronie*, Paris, Robert Laffont, 2018 ; Laurent Mauduit, *La Caste.*

Le machiavélisme est une des dimensions fondamentales de la philosophie politique d'Emmanuel Macron, mais l'ultralibéralisme en est une autre, comme l'ont profondément analysé le psychopathologiste Roland Gori et le philosophe Dany-Robert Dufour (sous le pseudonyme éphémère de « Démosthène »), démasquant une « philosophie de la ruse et de la démesure » qui anime « le personnage héroïque de cette modernité où les élites désertent les valeurs de la dette, de justice et d'égalité au profit de celles de performance et d'efficacité », personnage qui « construit méthodiquement l'édifice d'un pouvoir vertical » servi par « une nouvelle aristocratie technico-financière dévouée corps et âme »[1].

Une « nouvelle aristocratie », ou « médiocratie », conduisant une « politique de l'extrême centre » qui appelle une « révolution », afin de « rendre révolu ce qui nuit à la chose commune »[2].

Enquête sur cette haute fonction publique qui a pris le pouvoir, Paris, La Découverte, 2018; Les Économistes atterrés, *Macron, un mauvais tournant*, Paris, Les Liens qui Libèrent, 2018; Michel Pinçon et Monique Pinçon-Charlot, *Le Président des ultra-riches*, Paris, Zones/La Découverte, 2019.

1. Roland Gori, *La Nudité du pouvoir. Comprendre le* moment *Macron*, Paris, Les Liens qui Libèrent, 2018; Démosthène, *Le Code Jupiter. Philosophie de la ruse et de la démesure*, Paris, Équateurs, 2018.

2. Alain Deneault, *La Médiocratie*. Précédé de *Politique de l'extrême centre* et suivi de *Gouvernance. Le management totalitaire*, Québec, Lux, 2016.

L'affairisme du chef de l'État et sa tolérance à la corruption[1] sont précisément révélés par l'enquête au long cours de *Mediapart* sur Alexandre Benalla, entre autres, si bien qu'il n'est pas nécessaire d'y revenir ici[2]. Je souhaite juste ajouter cette confidence d'Aleph : « Benalla est "en main" des services de renseignement français, plus précisément d'une sous-direction de l'un des plus puissants parmi ceux-ci, sous-direction qui est l'interface de l'État avec l'univers du renseignement privé, des ventes d'armes, des trafics stratégiques… »

Le samedi 23 février, alors qu'il effectuait une visite hors norme au Salon de l'agriculture, à Paris, le chef de l'État a eu un moment de grasse démagogie : « Le loup, on va le réguler. On va le faire de manière pragmatique, sur le terrain. Les ministères ont trouvé un accord. On va le réguler avec les préfets. » Il continuait, s'adressant à des éleveurs de vaches gasconnes, et sur le ton de la plaisanterie : « Comment vous dites pudiquement, vous, "du prélèvement", c'est ça ? Vous effarouchez les ours et vous prélevez les loups… »

---

1. Début février 2019, le Parquet national financier (PNF) ouvrait une enquête pour « corruption » sur un contrat de sécurité signé avec l'oligarque russe, d'origine ouzbèke, Iskander Makhmudov, et négocié par Alexandre Benalla, alors que celui-ci était encore chargé de mission à l'Élysée et habilité « secret-défense ». Iskander Makhmudov, proche du pouvoir poutinien, est sérieusement soupçonné de liens avec la mafia russe.

2. *Mediapart*, « Notre dossier : l'affaire Macron-Benalla ».

« On va le réguler avec les préfets... » Comme « on » régulera les Gilets jaunes, une fois que la loi dite « anti-casseurs » sera promulguée ?

Cette déclaration symbolise la passion violente d'Emmanuel Macron pour la transgression de toutes les règles, de toutes les lois, y compris celles de la nature.

Comme un roi ! Et parce qu'il est plus royaliste que le roi.

Un épisode peu connu du début de son règne nous le raconte de façon cryptée. Le 5 avril 2018, Emmanuel Macron s'est offert une visite nocturne de la basilique des rois de France, à Saint-Denis (Seine-Saint-Denis), après avoir assisté à un concert des demoiselles des maisons d'éducation de la Légion d'honneur. Le chef de l'État s'est alors attardé devant les sépultures des rois Dagobert, premier monarque à être enterré là, François Ier et Henri II.

Ces révérences aux trois illustres gisants ne pouvaient être que symboliques, bien entendu.

Dagobert (c. 602 - c. 639), roi des Francs, dernier des grands Mérovingiens, s'est illustré par la construction de Saint-Denis et par le développement de l'éducation et des arts. Très bien.

François Ier (1494 - 1547) peut être considéré comme le roi emblématique de la Renaissance, en France, protecteur des arts et des lettres, mais aussi comme promoteur de la monarchie absolue. Dont acte.

Mais Henri II (1519 - 1559) ? Ce deuxième fils et successeur un peu oublié de François Ier se distingua par l'instauration de la première persécution massive des réformés (protestants). Répression par une chambre ardente constituée au Parlement de Paris, pour motif d'hérésie, de 1547 à 1549. Édits de Paris (1549), de Châteaubriant (1551) et de Compiègne (1557), qui accentuent la persécution, y compris contre les catholiques qui aident ou hébergent des protestants…

Faut-il y voir un signe ?

Car, décidément, la basilique royale de Saint-Denis recèle encore d'autres mystères présidentiels.

Elle est effectivement au cœur des activités de lobbying de l'obscure association « Pour le retour à Saint-Denis de Charles X et des derniers Bourbons[1] ». Cette organisation nostalgique d'une certaine monarchie milite sans relâche pour le rapatriement du cœur du roi Charles X à la basilique cathédrale de Saint-Denis, alors qu'il est actuellement conservé au couvent de Kostanjevica, à Nova Gorica, en Slovénie.

Or, le 20 avril 2018, quelques jours à peine après la visite nocturne d'Emmanuel Macron aux gisants, l'association publiait ce communiqué intriguant : « L'association "Pour le retour à Saint-Denis de Charles X et des derniers Bourbons" a le plaisir d'informer ses nombreux soutiens et sympathisants qu'elle vient d'adresser un dossier complet, conjointement au président de la République, M. Emmanuel Macron, et à M. Sylvain Fort, son conseiller chargé des discours et de la mémoire, suite à la demande formulée par

1. www.leretourdecharlesx.fr.

celui-ci, lors de son entretien du 10 janvier dernier avec le président d'honneur de l'association, Philippe Delorme. L'association a été en mesure d'apporter à M. Sylvain Fort toutes les réponses, dans les moindres détails, aux diverses questions concernant les modalités pratiques de son projet, qui lui avaient été soumises. L'association vous informe également qu'une demande officielle de restitution du cœur du dernier roi de France devrait pouvoir être prochainement soumise au gouvernement de la République de Slovénie et au couvent de Kostanjevica. Elle permettrait ainsi de trouver une issue acceptable aux négociations que nous avons menées, depuis la création de l'association en 2013, avec les gardiens des cendres royales. L'association se réjouit des progrès enregistrés par son projet, consistant désormais à organiser le rapatriement du cœur du roi Charles X en France, en étroite collaboration avec ses descendants qui nous ont fait confiance et nous ont accordé leur soutien. »

Restitution du cœur du dernier roi de France, Charles X : tel est le projet discuté avec le conseiller chargé de la mémoire du président de la République !

Il n'est donc pas indifférent de savoir comment ce Charles X, qui régna de 1824 à 1830, a marqué l'histoire de France. Or, ce n'est pas pour rien que l'un de ses meilleurs biographes, José Cabanis, l'a qualifié de « roi ultra[1] ». Car dès le début de son règne,

1. José Cabanis, *Charles X, roi ultra*, Paris, Gallimard, coll. Leurs figures, 1972.

pratiquement, il s'appuie sur les ultraroyalistes et s'aliène rapidement l'opinion par la loi sur le sacrilège, la concession d'indemnités aux aristocrates émigrés pendant la Révolution (loi dite du « milliard des émigrés »), le licenciement de la garde nationale, le rétablissement de la censure (1825-1827), le projet de rétablissement du droit d'aînesse...

En juillet 1830, Charles X tente un véritable coup d'État contre ce qu'il reste de Parlement. Il signe quatre ordonnances dites « de Saint-Cloud », par lesquelles la liberté de la presse est suspendue, la Chambre dissoute, la loi électorale modifiée, réduisant encore le nombre d'électeurs, les élections étant fixées aux 6 et 13 septembre suivants. Mais la publication des ordonnances soulève le peuple de Paris et, après les combats des 27, 28 et 29 juillet (les « Trois Glorieuses »), le roi, réfugié à Rambouillet, abdique. Déchu, Charles X s'enfuit en Angleterre, vit à Holyrood (Écosse), puis à Prague, avant de mourir à Görz, alors en Autriche (aujourd'hui Gorizia, en Italie), au bout de six ans d'exil.

Diagnostiquant le bonapartisme d'Emmanuel Macron, Laurent Mauduit, cofondateur de *Mediapart*, a lui aussi fait le rapprochement entre l'actuel président de la République et Charles X, pointant du stylo le recours antidémocratique aux ordonnances, aux décrets, aux votes express, sans débat, de la majorité LaREM à l'Assemblée nationale[1].

---

1. Laurent Mauduit, *La Caste*, Paris, La Découverte, 2019, p. 141 à 150.

La cause est entendue: Emmanuel Macron aime invoquer la mémoire des rois de France, se servant par trois fois en un an du château de Versailles, pour recevoir Vladimir Poutine, s'exprimer devant le Congrès ou y organiser le sommet «Choose France» en présence d'une foule de patrons de multinationales, de même qu'il a rétabli le domaine et le château de Chambord (Loir-et-Cher) comme outil diplomatique du rayonnement de la France, chasses présidentielles à la clé.

La figure manquante du roi dans la République française a même été théorisée par Emmanuel Macron, alors ministre de l'Économie, dans un entretien sidérant publié par *Le 1*, le 8 juillet 2015: «La démocratie comporte toujours une forme d'incomplétude, car elle ne se suffit pas à elle-même. […] Il y a dans le processus démocratique et dans son fonctionnement un absent. Dans la politique française, cet absent est la figure du roi, dont je pense fondamentalement que le peuple français n'a pas voulu la mort. La Terreur a creusé un vide émotionnel, imaginaire, collectif: le roi n'est plus là! On a essayé ensuite de réinvestir ce vide, d'y placer d'autres figures: ce sont les moments napoléonien et gaulliste, notamment. Le reste du temps, la démocratie française ne remplit pas l'espace. On le voit bien avec l'interrogation permanente sur la figure présidentielle, qui vaut depuis le départ du général de Gaulle. Après lui, la normalisation de la figure présidentielle a réinstallé un siège vide au cœur de la vie politique. Pourtant, ce qu'on attend du président de la

République, c'est qu'il occupe cette fonction [du roi]. Tout s'est construit sur ce malentendu. »[1]

Malentendu ?

Les royalistes de France ne s'y sont pas trompés, qui se réjouirent du « *coming out* monarchiste d'Emmanuel Macron »[2]. Ils ont bien entendu le message. Lequel trouva sa spectaculaire confirmation, dès la soirée du dimanche 7 mai 2017, dans la cour Napoléon du Carrousel du Louvre, où, dos à la pyramide du Louvre, à droite de la statue équestre de Louis XIV, le nouveau président de la République s'est fait acclamer.

LES ROIS MAUDITS

Se réjouir du coming out monarchiste d'Emmanuel Macron, c'était, comme à chaque moment de Restauration et de contre-révolution de l'histoire de France, applaudir à l'affichage idéologique d'un tyran.

1. L'analyse la plus poussée de cet entretien est développée par Roland Gori, dans un chapitre crucial (« En même temps ou les deux corps du président ») de La *Nudité du pouvoir. Comprendre le* moment *Macro*n, Les Liens qui Libèrent, Paris, 2018, principalement aux pages 68 à 85.

2. www.allianceroyale.fr/le-coming-out-monarchiste-demmanuel-macron. L'Alliance royale est une formation politique royaliste fondée en 2001. Ses membres « sont des citoyens français de bonne volonté désireux d'agir pour le bien de leur pays et considérant que la solution royale est la seule réponse possible à la profonde crise institutionnelle, politique, sociale et morale que traverse notre pays ».

Je n'écris pas « tyran » à la légère.

Le mot nous vient du grec ancien τύραννος (túrannos) qui désigne, dans l'Antiquité, un homme abusant d'un pouvoir absolu, selon Aristote entre autres. Le tyran, sans abolir les lois, se place au-dessus d'elles[1]. Et, aujourd'hui les transgresse – notamment dans le domaine du maintien de l'ordre.

Aristote (*Les Politiques*), encore, observe que la plupart des tyrans sont issus des démagogues et que « la tyrannie cumule les vices de la démocratie et ceux de l'oligarchie », du fait de l'amour du roi pour les richesses et de son hostilité à l'égard du peuple qu'il désarme et asservit. La genèse de la tyrannie se trouve dans la corruption des constitutions politiques et, surtout, dans l'exaspération des conflits entre riches et pauvres, minorité et majorité, parce que le législateur n'institue plus le juste équilibre entre les uns et les autres. Pour le tyran, il existe deux façons de maintenir le régime : d'une part, il doit renforcer la répression de toute contestation, en développant le contrôle de la police sur les citoyens ; d'autre part, en utilisant la corruption et en appauvrissant son peuple, afin que « les sujets, occupés à gagner leur vie de chaque jour, ne trouvent pas le temps de conspirer »[2]. Toute ressemblance…

---

1. Maurice Sartre, *Histoires grecques*, Paris, Seuil, coll. L'Univers historique, 2006.

2. *Politique*, Livre VIII, chapitre IX (page 460 de la traduction de Jules Barthélémy-Saint-Hilaire, Paris, Librairie philosophique de Ladrange, 1874, 3e édition).

De façon plus actuelle, les philosophes Walter Benjamin et Giorgio Agamben ont démasqué la tyrannie sous l'état d'exception qui s'impose à nous depuis 2015[1] et qui a été institué dans le droit commun par Emmanuel Macron.

De fait, en à peine deux ans de règne, Emmanuel Macron s'est attaqué à tous les contre-pouvoirs censés contrôler et contenir, en république, la puissance de l'exécutif. Le haut fonctionnaire Olivier Sanchez a fait la revue détaillée de ce coup d'État d'une rare brutalité: «Volonté de maîtriser la presse, réduction du temps d'examen des projets de loi par les parlementaires, recours accru aux ordonnances, projet de réduction du nombre de parlementaires, voire de suppression du Sénat, interdiction des dissensions au sein du parti majoritaire, mépris des élus locaux, nominations politiques au Conseil constitutionnel, ingérences dans le fonctionnement des autorités administratives indépendantes, projet de réforme qui supprimerait inévitablement l'indépendance des magistrats de la Cour des comptes, politisation des directeurs d'administration centrale et recours accru au contrat dans la haute fonction publique, instrumentalisation du parquet de Paris, pérennisation de l'état d'urgence, répression des manifestants et restrictions législatives au droit de manifester…» Avant

1. Walter Benjamin, *Sur le concept d'histoire*, Paris, Payot & Rivages, 2013; Giorgio Agamben, *État d'exception. Homo sacer, II, 1*, Paris, Seuil, 2003.

de commenter : « Le mépris de l'exécutif macronien à l'égard de tous les contre-pouvoirs fragilise dangereusement la République.[1] »

« Le mépris de l'exécutif macronien... »

Parmi les gisants de Saint-Denis, celui de Philippe le Bel (1268 - 1314), le « roi de fer », ou « roi de marbre », est un des plus beaux. Ayant régné de 1285 à 1314, il est considéré comme étant le premier souverain « moderne » d'un État puissant et centralisé, le principal initiateur de la monarchie absolue[2].

Philippe le Bel fut le premier des rois maudits.

Ce sont deux moments extraordinaires du règne absolutiste de Philippe le Bel qui méritent toute notre attention.

Comme plusieurs de ses prédécesseurs, depuis Philippe Auguste (1165 - 1223), le roi de fer pris une mesure d'expulsion des Juifs de son royaume, mais pour la première fois de façon totale et définitive. Ainsi, en 1306, Philippe le Bel promulgue un édit d'expulsion générale, dont l'historienne Juliette Sibon

1. Olivier Sanchez, « Quels contre-pouvoirs en Macronie ? », *AOC*, 18 mars 2018 : https://aoc.media/opinion/2019/03/18/contre-pouvoirs-macronie/.

2. L'absolutisme, ou monarchie absolue, est « un type de régime politique dans lequel le détenteur d'une puissance attachée à sa personne concentre entre ses mains tous les pouvoirs, gouverne sans aucun contrôle » (Henri Morel, « Absolutisme », dans le *Dictionnaire de philosophie politique*, Paris, PUF, 1996). Le mot « absolutisme » a été utilisé longtemps après le système de pouvoir qu'il définit. C'est, en effet, pendant la Restauration que ce néologisme est créé.

estime qu'il a concerné 100 000 juifs[1]. À l'occasion, les droits de leurs communautés sur certains immeubles qui leur avaient été affectés, pour servir de synagogues, furent remis en adjudication au profit du Trésor royal.

Deuxième moment crucial, à peine le sort des Juifs de France scellé, le roi de marbre procède à l'anéantissement systématique de l'ordre du Temple. Le vendredi 13 octobre 1307, les Templiers sont ainsi arrêtés dans tout le royaume, jetés en prison, torturés pour leur faire avouer l'hérésie inventée par une Inquisition aux ordres. Le grand maître de l'ordre, Jacques de Molay, ayant refusé de se prêter à la comédie de justice religieuse organisée par Philippe le Bel et ses sbires, périt sur le bûcher, à Paris, en 1314, après avoir été déclaré relaps. Selon le chroniqueur Geoffroi de Paris, témoin de l'événement, les dernières paroles de ce dignitaire incorruptible auraient été : « Je vois ici mon jugement, où mourir me convient librement. Dieu sait qui a tort, qui a péché. Il va bientôt arriver malheur à ceux qui nous ont condamnés à tort. Dieu vengera notre mort. Seigneurs, sachez qu'en vérité tous ceux qui nous sont contraires, par nous auront à souffrir. En cette foi, je veux mourir… »

Peut-être avez-vous lu, cher Christophe Dettinger, cette grandiose saga de Maurice Druon, *Les Rois*

1. Juliette Sibon, « 1306, l'expulsion des juifs du Royaume de France », *Cahiers de recherches médiévales et humanistes*, n° 16, Centre d'études médiévales d'Orléans, Auxerre, 2008 ; Juliette Sibon, *Chasser les juifs pour régner*, Paris, Perrin, 2016.

maudits, où toute la légende est racontée, mettant en scène les mœurs violentes de l'aristocratie sur laquelle Philippe le Bel s'appuie, le mépris des puissants pour un peuple affamé par les impôts et saigné par la guerre, les pillages et les viols, la haine froide du monarque pour les Templiers, ces moines-soldats réformateurs potentiels de toute la chrétienté[1].

Car l'historiographie la plus actuelle souligne à quel point l'ordre des chevaliers du Temple a failli réaliser, entre 1120 et 1312, une véritable « révolution » spirituelle, sociale et politique. Une révolution que le premier roi absolutiste et le pape de l'époque ont donc liquidée sans scrupule, afin de maintenir l'ordre de fer sous lequel ils maintenaient un peuple d'esclaves[2].

Selon la légende romancée par Maurice Druon, le dernier grand-maître du Temple, Jacques de Molay, au moment de périr sur le bûcher, a lancé une malédiction sur Philippe le Bel, le pape Clément V, le conseiller Guillaume de Nogaret, exécuteur des basses œuvres du roi, et sur leurs héritiers et descendants durant treize générations…

Nous savons ce qui s'en est suivi.

Le 20 avril 1314, le pape Clément V est mort d'un cancer des intestins. Le roi de fer décède à son tour, le 29 novembre 1314, dans un accident de cheval, au

---

1. Maurice Druon, *Les Rois maudits*, édition intégrale (1955-1977), Paris, Plon, 2018.

2. Simonetta Cerrini, *La Révolution des Templiers. Une histoire perdue du* XII*e siècle*, avec une préface d'Alain Demurger, Paris, Perrin, 2007.

cours d'une chasse. Ses trois fils suivent de peu son funeste destin : Louis X meurt en 1316 et le règne de son fils, Jean Ier, dure aussi peu que sa vie, du 15 au 19 novembre de la même année ; Philippe V monte alors sur le trône, mais trépasse dès 1322, n'ayant eu que des filles. Quant au dernier fils de Philippe le Bel, Charles IV, il disparaît en 1328, ses deux fils étant morts avant lui…

Malédiction !

Oui, une malédiction est bien tombée sur les têtes couronnées de France et de Navarre, Louis XVI compris, lequel, retour symbolique des choses, a été emprisonné à la maison du Temple… Le Capet a d'ailleurs été explicitement assimilé aux rois maudits par le peuple. « C'est la vengeance de Jacques de Molay ! », se serait écrié un témoin de sa décapitation, le 21 janvier 1793, sur la place de la Révolution, à Paris…

J'ai toujours ressenti ce qu'il y a de morbide dans le pèlerinage à Saint-Denis, pour voir, toucher même, ces rois et reines de marbre, ces gisants bien nommés, ces cadavres de pierre lustrée dont la vision m'avait glacé, lorsque je fis moi-même la visite de la basilique. J'étais apprenti historien et je lisais *Les Gisants*, le roman ensorcelé de Jeanne Champion. J'y entendais le cri de vie et d'amour de l'humanité martyrisée par les puissants, mais aussi l'avertissement eschatologique : « Les gisants ne sont pas morts. Ils sont les corps de la patiente Apocalypse. L'éternité s'est arrêtée d'avancer. Le VIEUX-TEMPS jaloux lui a coupé les jambes. Les gisants sont éternellement immobiles. À l'intérieur d'eux, ça crie : "Père, pourquoi m'avez-vous abandonné ?" [...] la soif est restée en eux. Elle s'appelle la soif du JUGEMENT DERNIER.[1] »

CELUI QUI BRISE L'ALLIANCE

Orienté vers le veau d'or, le président des ultra-riches est aussi le briseur en chef des liens qui font une société humaine : liens économiques et sociaux fondés sur l'équité et la solidarité, l'idéal d'égalité ; liens moraux, affermis par la confiance dans la justice et les services publics, police comprise.

Chez les prophètes bibliques, maudit est celui qui brise l'Alliance.

Jérémie maudit ainsi l'homme qui n'observe pas l'Alliance renouvelée : « Maudit soit l'homme qui n'écoute point les paroles de cette Alliance que j'ai prescrite à vos pères, le jour où je les ai fait sortir du pays d'Égypte, de la fournaise de fer.[2] »

Quant aux « malheur à vous ! » prononcés par le Christ, ce sont des déclarations prophétiques annonçant les calamités auxquelles se vouent les malfaisants obstinés : « Mais, *malheur à vous, riches,* car vous avez votre consolation ! Malheur à vous qui êtes rassasiés, car vous aurez faim ! Malheur à vous qui riez

---

1. Jeanne Champion, *Les Gisants*, Paris, Calmann-Lévy, 1977, en Livre de Poche, p. 54.

2. Jérémie 11, 3-4, trad. Louis Segond, 1910.

maintenant, car vous serez dans le deuil et dans les larmes ![1] »

Dans la Rome antique, la *damnatio memoriae*, condamnation à l'oubli éternel, était votée par le Sénat et annulait les honneurs de celui qui en faisait l'objet, souvent un tyran déchu pour « haute trahison ». L'anniversaire de sa naissance était scellé comme « jour néfaste », son nom était effacé par martelage des monuments publics, ses statues étaient renversées. Cette malédiction était une *ignominia post mortem*, une ignominie pour toujours. Après la mort de Caligula, le Sénat songea, selon Suétone[2], à abolir la mémoire de tous les Césars en détruisant leurs temples pour rétablir la république[3].

D'Emmanuel Macron, quelle mémoire restera dans l'Histoire ?

« M », comme Macron ; « M », comme M le maudit[4]...

M le maudit qui se lamente : « Toujours, je dois aller par les rues, et toujours je sens qu'il y a quelqu'un derrière moi. Et c'est moi-même ! [...] Quelquefois c'est pour moi comme si je courais moi-même derrière moi ! Je veux me fuir moi-même mais je n'y arrive pas ! Je ne peux pas m'échapper ! [...] Quand je fais ça, je

1. Luc 6, 24-25.

2. Suétone, *Vie des douze Césars* (publié entre 119 et 122 ap. J.-C.), Paris, Gallimard, coll. Folio, 1990.

3. Jean-Marie Pailler, et Robert Sablayrolles, « *Damnatio memoriae* : une vraie perpétuité ? », dans *Pallas. Revue d'études antiques*, Toulouse, Presses universitaire du Mirail, 1994, n° 40, p. 11-55.

4. *M le maudit*, film de Fritz Lang, 1931.

ne sais plus rien… Ensuite je me retrouve devant une affiche et je lis ce que j'ai fait, alors je me questionne : J'ai fait cela ? »

Schizophrénie de l'assassin, à propos duquel Fritz Lang expliquait : « Ainsi le film doit-il à certains instants faire l'effet d'un projecteur lumineux qui indique avec un maximum de précision ce sur quoi son cercle de lumière vient de se diriger. »

Ainsi, le livre doit-il diriger aussi son cercle de lumière sur le narcissisme pathologique du « en même temps » présidentiel, en tant que symptôme de la « personnalité sociale » de notre époque, un narcissisme qui seul permet de « réconcilier » avec lui-même « le sujet tragique, divisé par ses contradictions entre le désir et la faute, les pulsions et la culpabilité », la transgression et la normalité, comme le relève le psychanalyste Roland Gori[1]. « Sujet tragique, divisé… », schizoïde en bref…

Schizoïdie du « en même temps » d'Emmanuel Macron.

FORCE ET HONNEUR !

Vous Christophe, vous avez sans cesse maintenu le nom de Dettinger dans le flux béni de l'évolution vers un monde plus humain. Avec dignité et patience.

1. Roland Gori, *La Nudité du pouvoir. Comprendre le moment Macron*, Paris, Les Liens qui Libèrent, 2018, p. 91. Les pages 88 à 94 de ce livre très profond sont consacrées à l'analyse du « en même temps » macronien comme « symptôme ».

Après plusieurs semaines de détention injustifiable, le 20 février 2019, vous avez déclaré : « J'ai une peine à faire ; c'est toujours pénible. Maintenant, c'est le prix à payer. J'accepte cette peine. »

Mais vous ne vous êtes jamais dédit de votre révolte, si clairement exprimée, dès le 6 janvier : « Je suis un Gilet jaune. J'ai la colère du peuple qui est en moi. Je vois tous ces présidents, je vois tous ces ministres, je vois tout l'État se gaver, se pomper. Ils ne sont même pas capables de montrer l'exemple. Ils ne montrent pas l'exemple. [...] Moi, quand j'entends "les gueux", quand j'entends les "sans-dents", moi je me sens concerné. »

Vous ne vous êtes jamais rétracté, non plus, vis-à-vis de votre engagement : « Peuple français, Gilets jaunes, je suis de tout cœur avec vous, il faut continuer pacifiquement, mais continuez le combat, s'il vous plaît, s'il vous plaît ! »

Continuez le combat !

Car vous n'êtes pas de ceux qui se découragent face aux obstacles à franchir, aux méandres du cours de la vie, aux hésitations de l'Histoire. Ni à cause la persécution qui tente de vous faire taire, m'avez-vous affirmé.

Votre décence commune est, bien mieux qu'une référence fumeuse à un certain Paul Ricœur (un pâle décalque de Levinas, par ailleurs, et dont la « passade pétainiste », toujours occultée, a duré de 1939 à 1942[1]),

1. Robert Levy, « Sur la passade pétainiste de Paul Ricœur : un bref épisode ? », *Sens public*, 26 mars 2008 : http://sens-public.org/article537.html

l'incarnation d'une saine philosophie. Celle des esprits les plus généreux de la République et de la Révolution.

Je pense, en premier lieu, à Edgar Quinet, bien trop oublié, dont je souhaite vous faire connaître ces lignes si prophétiques, parce qu'elles parlent certes d'un moment où la France est sous le talon de fer de Napoléon le Petit, mais parce qu'elles nous parlent encore de l'avènement inexorable de « la justice » : « Ne nous étonnons donc pas si, parmi tant de peuplades qui ont passé sur la terre, un si petit nombre a pu éclore au droit, à la justice. [...] Il en est tout autrement des peuples qui ont des traditions vitales, s'ils s'y attachent et les respectent. Ces traditions peuvent être suspendues, interrompues : elles peuvent même disparaître sous la conquête, l'invasion, l'usurpation ; mais elles continuent d'agir comme des forces organiques, indomptables. [...] Fussent-elles enfouies sous terre, elles vous démentiraient en surgissant au jour quand vous vous y attendrez le moins.[2] »

C'est le cycle palingénésique de la mort et de la vie.

Et je veux vous offrir, enfin, cher Christophe Dettinger, ces paroles d'espoir du philosophe anarchiste et génial géographe Élisée Reclus, pour lequel la destinée de l'espèce humaine est en harmonie avec l'évolution du cosmos. Dans l'exil, aux lendemains de l'écrasement de la Commune de Paris, dont il fut un

---

2. Edgar Quinet, *Philosophie de l'histoire de France*, Bruxelles, 1855 ; dans *Œuvres complètes*, Paris, Félix Alcan, 1895, p. 323 et 324.

des animateurs, ce citoyen du monde jugeait : « Sous la grande forteresse qu'ont bâtie les héritiers de la Rome césarienne et papale, le sol est miné partout, et partout on attend l'explosion. [...] Nos ennemis savent qu'ils poursuivent une œuvre funeste et nous savons que la nôtre est bonne ; ils se détestent et nous nous entr'aimons ; ils cherchent à faire rebrousser l'histoire et nous marchons avec elle. [...] Plus les travailleurs, qui sont le nombre, auront conscience de leur force, et plus les révolutions seront faciles et pacifiques. Finalement, toute opposition devra céder et même céder sans lutte. Le jour viendra où l'Évolution et la Révolution, se succédant immédiatement, du désir au fait, de l'idée à la réalisation, se confondront en un seul et même phénomène. C'est ainsi que fonctionne la vie dans un organisme sain, celui d'un homme ou celui d'un monde.[1] »

Le combat de votre « organisme sain », cher Christophe, a été, en ce premier trimestre 2019, la riposte la plus forte à la malédiction de la Restauration d'Emmanuel Macron.

Oui, votre combat contre sa tyrannie, vous l'avez si clairement signifié, avec des paroles sorties tout droit de votre cœur de boxeur : « Je manifeste pour tous les retraités, le futur de mes enfants, les femmes célibataires. Je suis un Gilet jaune, j'ai la colère du peuple qui est en moi. »

---

1. Élisée Reclus, *Évolution et Révolution* (1880), Paris, Le Passager clandestin, 2007, p. 91-93.

Je garde aussi dans l'oreille votre façon si humble de vous adresser à vos concitoyens : « Voilà, je me présente, Dettinger Christophe. C'est moi, la personne qui a affronté les CRS le samedi 5 janvier... »

J'espère ne pas avoir heurté votre humilité.

Je vous salue.

Force et honneur !

Gratitude

Il y a parfois, dans la vie, des occasions douloureuses de distinguer les amis véritables des lâcheurs. Épreuves de vérité, assez violentes, mais salutaires.

La publication de ce dernier essai est l'occasion de dire ma profonde gratitude pour celles et ceux qui m'ont encouragé, écouté et compris, avec une générosité sans condition.

Merci à mon épouse et à mes enfants qui ont partagé le pire comme le meilleur, ce qui fut mon plus fort soutien durant ces derniers mois ; à mon frère, pour son affection, ses lumières et sa rigueur intellectuelle ; à mes amis, Roger et Corinne H., Raymond et Claudine D., Jérôme G., Hervé P., Guy B., Nicolas F., Yann Le B., Jérôme B., Frédérique B., Cynthia F., Stéphanie C., Béatrice D., Myriam T., Jean-François F. et Corinne M., si proches, à chaque moment.

Un merci particulier pour Aleph ; il sait pourquoi.

Je tiens à saluer chaleureusement mes médecins, chirurgiens et oncologues, Frédérique M., Matthieu B., Xavier D., Emmanuel D. et Anne B.-L., pour leur professionnalisme et l'empathie dont ils ont fait preuve à mon égard.

Mon travail d'auteur, depuis bientôt dix ans, ne vaudrait rien sans l'attention, les encouragements et le conseil d'éditeurs remarquables : Jean-Luc Veyssy, au Bord de l'eau ; Hugues Jallon et Olivier Bétourné, au Seuil ; Stéphanie Chevrier, chez Don Quichotte, aujourd'hui à La Découverte ; Henri Trubert et Sophie Marinopoulos, fondateurs et animateurs des Liens qui Libèrent, qui ont accueilli *Cœur de boxeur* avec courage et clairvoyance.

Enfin, je souhaite exprimer mon admiration pour le travail essentiel à la démocratie de mes consœurs et confrères Fabrice Arfi, Claude Askolovitch, Guy Benhamou, Patrick Benquet, François Bonnet, Christian Chavagneux, Benoît Collombat, Michel Deléan, Nicolas Demorand, Jack Dion, David Dufresne, Jean-Marie Durand, Guillaume Duval, Jean-Claude Guillebaud, Dan Israel, Hervé Kempf, Christophe Labbé, Aude Lancelin, Karl Laske, Laurent Léger, Didier Maïsto, Laurent Mauduit, Martine Orange, Pierre Péan, Matthieu Pelloli, Antoine Perraud, Edwy Plenel, Olivier Piot, Enrico Porsia, Olivia Recasens, Denis Robert, Daniel Schneidermann et Flore Vasseur. Je leur dois beaucoup.

*

Créée en 1898 pour défendre un innocent, le capitaine Dreyfus, la Ligue des droits de l'homme et du citoyen est de tous les combats pour la justice, les libertés, les droits civiques et politiques, les droits économiques, sociaux et culturels, contre le racisme et l'antisémitisme, depuis plus de cent vingt ans.

C'est au siège de la Ligue des droits de l'Homme qu'est signé le Pacte des partis de gauche, syndicats et associations antifascistes, qui fonde le Front populaire en 1935. À l'initiative de son président, Victor Basch, la Ligue des droits de l'homme (LDH) est alors à la pointe de la dénonciation du nazisme et du fascisme en Europe.

Pendant l'occupation nazie et le régime dictatorial de Vichy, les locaux de la Ligue sont occupés, toutes ses archives saisies. Beaucoup de ses cadres participent à la Résistance. À la Libération, le tiers des membres de son comité central est porté disparu : assassinés, morts en déportation ou fusillés. Victor Basch, à plus de 80 ans, est assassiné en 1944, avec sa femme Ilona, par la milice et les nazis.

Aujourd'hui, la LDH regroupe toujours des femmes et des hommes, de tous horizons et de toutes conditions, qui s'associent afin de réfléchir, discuter, agir pour la défense des droits et libertés, de toutes et de tous. Elle combat les injustices, le racisme, le sexisme, l'antisémitisme et les discriminations de tous ordres. Elle s'intéresse à la citoyenneté sociale et propose des mesures pour une démocratie forte et vivante. Elle défend la laïcité, les libertés, l'égalité des droits et la fraternité comme fondement d'une société solidaire.

Mes droits d'auteur seront reversés à la LDH.

Table

AVANT-PROPOS 11

CHAPITRE 1. CHAMPION DE FRANCE 15
Directs imparables 17
Perquisition 18
«Loi et ordre» 20
À visage découvert 23
Les mots d'un Gitan 27
Hommes libres 32
Donner des coups 35

CHAPITRE 2. QUI SAUVE UNE VIE 37
Comparution immédiate 41
La Résistance 46
Fait du prince 51
Spartacus 54
Signes des temps 59

CHAPITRE 3. EN PLEIN VISAGE 61
État d'exception 63
« Un abattage en règle» 65

Éclatement du globe oculaire 67
Armes de guerre 70
La négation totale du visage 74
L'acide du mensonge d'État 84
Deux et deux font cinq 88

CHAPITRE 4. TÊTES DE MORT 93
Politique de la post-vérité 95
La décence commune 103
Têtes de mort 105
Un procureur zélé 113
Condamnations internationales 120

CHAPITRE 5. LA POLICE FAIT LA LOI 125
Loi scélérate 128
Le courage de la vérité 132
Vichy 138
Antisémitisme 142

ÉPILOGUE. MALÉDICTION 151
Atteinte à l'autorité et à l'image de l'État 153
Le mépris 158
Plus royaliste que le roi 163
Les rois maudits 171
Celui qui brise l'Alliance 177
Force et honneur! 179

GRATITUDE 185

Composition : In folio

Achevé d'imprimer en avril 2019
par Normandie Roto Impression s.a.s.
à Lonrai

Dépôt légal : mai 2019
N° impr : 1901586
Imprimé en France